THE ESSENTIAL BOOK OF ADVANCED SU DOKU *3*

D011757

Puzzles and solutions by Alastair Chisholm

You can visit Alastair's website
at www.sudoku-san.com.

THE ESSENTIAL BOOK OF ADVANCED SU DOKU 3

			8					
6	3						1	2
			6	5	3			
	1			7		5		
5		8	4	9	6	1		7
	7			3		2		
			9	2	5			
9	5						4	3
				1				

ALASTAIR CHISHOLM

ATRIA BOOKS

New York   London   Toronto   Sydney

ATRIA BOOKS
1230 Avenue of the Americas
New York, NY 10020

ISBN-13: 978-0-7432-9168-2
ISBN-10:   0-7432-9168-9

3 5 7 9 10 8 6 4

First Atria Books trade paperback edition September 2005

ATRIA BOOKS is a trademark of Simon & Schuster, Inc.

Manufactured in the United States of America

For information about special discounts for bulk purchases,
please contact Simon & Schuster Special Sales:
1-800-456-6798 or business@simonandschuster.com.

INTRODUCTION

Su Doku mania continues to preoccupy the nation. We hear about it and see it everywhere, in newspapers and magazines and, now, books.

Put simply, Su Doku (or "Sudoku," or "Su-doku") is a number-placement puzzle based on a square grid, typically 9 squares by 9, giving 81 squares in all. The puzzle is further divided (by bold gridlines) into 9 boxes or "regions," each a square measuring 3 squares by 3. Figures from 1 to 9 (known as "givens") are already inserted in some of the squares; to complete the puzzle, a player must insert the missing numbers so that each row, each column, and each region contains the numbers 1 to 9 once and once only, without any repeats. The level of difficulty depends upon the number of givens in any puzzle, and the ease with which a player can compute the missing numbers by the use of logic.

Su Doku is thought to have been invented by the great Swiss mathematician Leonhard Euler (1707–83). During the 1980s the game became something of a craze in Japan (hence its Japanese title, apparently from *su*, "number," and *doku*, "single"); in the United States it was published for many years under the title *Number Place*. In Britain late in 2004, the first puzzle appeared in *The Times* newspaper, and the game is now gaining a worldwide following.

Solving Su Doku puzzles demands no mathematical skills, nor does it require an aptitude for crosswords or chess problems. Instead, it requires an ability to think logically, a good deal of patience, and a certain steely determination. As millions of Su Doku addicts already know, it is also utterly engrossing.

The puzzles in *The Essential Book of Su Doku 3: Advanced* have been created specifically for expert solvers. They range from the difficult to the downright fiendish.

Puzzle 1

4	9	7	1	5	2	8	6	3
5	1	8	7	3	6	9	4	2
6	2	3	8	9	4	5	7	1
2	3	1	5	6	8	7	9	4
9	6	5	4	2	7	3	8
8	4	9	3	7	1	2	5	6
3	7	4	2	8	5	6	1	9
9	5	2	6	1	3	4	8	7
1	8	6	9	4	7	3	2	5

LEVEL 1

Puzzle 2

Level 1

Puzzle 3

7	9	5	1	4	2	3	8	6
3	8	4	5	9	6	1	2	7
1	2	6	8	3	7	9	5	4
5	6	7	2	9	3	8	4	1
4	3	9	1	7	8	2	6	5
8	1	2	4	6	5	7	9	3
2	7	3	6	8	4	5	1	9
6	5	8	3	1	9	4	7	2
9	4	1	7	5	1	6	3	8

Level 1

Puzzle 4

	9			1		7		
1	6				3			
8			2		5		1	
		2	9			6		
		8			6	2		
	8		3		9			5
			5				2	7
		6		7			4	

Level 1

Puzzle 5

2	4			1		7		
	1		6	8		2		
7		8		9				3
							1	
		2	1		9	4		
	7							
3			9	2		5		
	2	9		6	4		7	
		1					2	9

Level 1

Puzzle 6

	1		8					5
		9		1				6
				3			4	8
9	7						6	
			2		6			
	6						7	1
4	8			9				
1				8		9		
3					7		5	

Level 1

Puzzle 7

1 ^68	5	^28	4	9	7	3	^268	
4	3	^28	^28	7	6	12	51289	51289
2678	678	9	1	3	5	4	268	268
	1	4	^97	^58	2	6		3
3		288	967	5168	178	12		4
289	89	6	3	^18	4	5	7	1289
8	4	1	^67	2	3	9	56	567
569	569	57	4	9	8	3	21	21
9	2	3	5	^16	^17	8	4	167

Level 1

Puzzle 8

	5			8			2	
		7	2		6			
	3		9	5				4
	9		7					
1								9
					4		8	
9				7	8		4	
		4		5	6			
	7			2			3	

Level 1

Puzzle 9

4	8	2	6	1	3	5	9	7
3	9	1	2	7	5	6	8	4
7	6	5	9	4	8	3	1	2
8	5	6	1	3	2	4	7	9
2	3	7	5	9	4	8	6	1
9	1	4	7	8	6	2	3	5
1	2	8	3	5	7	9	4	6
5	7	3	4	6	9	1	2	8
6	4	9	8	2	1	7	5	3

Level 1

Puzzle 10

	3						1	
				4			6	
4		8		1	5			3
							8	4
1			5		4			2
5	9							
9			2	6		1		7
	1			5				
	2						3	

Level 1

Puzzle 11

			7		3	1	5	
		3		1				7
	7					9		
				9			3	2
			5		6			
5	2			7				
		4					7	
3				4		6		
	5	8	6		9			

Level 1

Puzzle 12

			8				2	
				4		6		
3	2		1					8
8		2		9				7
		3				5		
1				5		2		9
6					9		3	1
		4		8				
	1				3			

Level 1

Puzzle 13

	3		1		8			5
	8							
				6	5	4		
	1	8		2			7	
			6		7			
	7			8		1	9	
		5	8	9				
							1	
2			4		3		5	

Level 1

Puzzle 14

		6			1	2		
3				5		4		
	2		3	6			9	
6		1	9					
					3	9		5
	9			8	7		6	
		7		3				1
		8	4			7		

Level 1

Puzzle 15

9				7			4	
6	1	5						
	3		2					
	2	7	5		6			
	4						8	
			1		4	2	6	
					2		3	
						6	5	4
	5			4				9

Level 1

Puzzle 16

		2			4			
9				3			2	1
	1	7		8				5
7					9			
6								4
			2					7
3				2		8	4	
8	6			1				3
			3			1		

Level 1

Puzzle 17

					6		5	
			2			7	6	
		1						8
7			5	2		1		
3		9				2		7
		6		9	8			3
2						8		
	9	3			4			
	1		6					

Level 1

Puzzle 18

	6			4				
			7	1		9	2	
4		2						1
			3		4			7
	9						3	
6			9		7			
2						5		8
	4	7		9	5			
				8			4	

Level 1

Puzzle 19

	5		3		4		7	
3								4
4				8				1
			5		1			
6		8				4		5
			8		7			
7				2				8
1								9
	3		7		9		2	

Level 1

Puzzle 20

	6					4		3
1		5		3			6	
			2				1	
				5		6		
8		3				5		2
		2		7				
	1				7			
	2			6		1		4
9		4					8	

Level 1

Puzzle 21

			5	8		6	1	4
1	6	3						
						2		
7		2			8		3	
	5		7			9		6
		7						
						1	6	5
9	2	5		1	4			

Level 1

Puzzle 22

	9		3		5		1	
		7				2		
	8						7	
9				6				3
3			5		2			8
7				8				9
	4						3	
		2				4		
	7		8		1		5	

Level 1

Puzzle 23

				8	4	3		
		3			2			6
4							8	7
7				5				
	8		1		7		6	
				6				2
2	5							9
6			9			4		
		7	4	2				

Level 1

Puzzle 24

9		2						6
8			3		5			
				7		2	8	
	5	7						
1			2		8			7
						1	3	
	3	4		6				
			8		1			5
5						9		3

Level 1

Puzzle 25

					6			
4				2				7
5					7		2	3
1				7	3	6		
	8						1	
		3	8	4				9
8	4		3					6
6				8				5
			7					

Level 1

Puzzle 26

2	8	5		9				
	7		2	8				6
6								
			7		3			
7		2				3		4
			8		5			
								8
1				5	9		7	
				7		5	4	9

Level 1

Puzzle 27

	5	2						
6			9	7				
		9			8			2
					9		7	4
	4	3				2	1	
5	8		1					
2			3			4		
				5	7			1
						3	5	

Level 1

Puzzle 28

3				6	2		9	
					9		6	
			7					5
1	4	6		7				
8								2
				5		7	1	4
6					5			
	2		4					
	7		8	9				3

Level 1

Puzzle 29

	2	8					9	7
	5		6					
6				2		4		
			5		2			6
	6						7	
5			1		8			
		7		9				5
					3		1	
1	3					7	2	

Level 1

Puzzle 30

			1		4	6		
				9			8	
7	9		5					
	3	7		1				
2		8				7		3
				6		2	4	
					9		5	4
	2			5				
		3	4		7			

Level 1

Puzzle 31

	6						5	
7								8
		8	3		9	1		
			5					
	5		4		2		6	
			6					
		7	1		3	4		
3								2
	2					8		

LEVEL 2

Puzzle 32

		1		9				
7	4		6					
					2	3		
	2	5		8				
		8				1		
				3		6	7	
		2	1					
					6		4	7
				4		5		

Level 2

Puzzle 33

8			6					4
2								
	7	3		5		1		
				2	5			
9								6
			7	1				
		1		3		7	9	
								1
4					9			3

Level 2

Puzzle 34

					4			6
		5				8	2	
4					1			
7				9			6	
		1				7		
	8			5				3
			4					9
	9	3				1		
6			7					

Level 2

Puzzle 35

		1						3
		9				2		
5		3		8			6	
				4	6			
3								9
			1	2				
	4			5		6		8
		8				9		
7						1		

Level 2

Puzzle 36

						9		
			3	5			8	
	4	7		1				2
	8							
5			8		1			6
							3	
9				7		5	1	
	3		4	2				
		6						

Level 2

Puzzle 37

		5	6			3		
1	6				7			
8				5				
			8			9		
		2				4		
		9			1			
			7					8
			3				2	6
		3			2	1		

Level 2

Puzzle 38

	8						9	7
			9					6
	3			7	2			
			8			1		
	5						8	
		6			1			
			7	6			1	
9					5			
3	2						4	

Level 2

Puzzle 39

		8		3			6	
	2					5		7	
							2	8	
						9			
		9		1		3		5	
				4					
	6	4							
	8		9						4
	1			2		3			

Level 2

Puzzle 40

7			1					3
	8					2		
				5	4			
	2			8				
	1	6				4	9	
				7			5	
			7	2				
		5					7	
9					6			8

Level 2

Puzzle 41

	8			4			2	7
			3	5			1	
							8	
					5			
		1	8		6	4		
		7						
	3							
	4			7	9			
5	2			3			6	

Level 2

Puzzle 42

		1			9			
2						5	1	
		7		6				
				2		4	7	
4								1
	8	9		3				
				4		8		
	3	8						5
			9			7		

Level 2

Puzzle 43

		3		9		6		
	2			3				
					4		7	
7			2					
4		1				3		5
					8			6
	7		1					
				4			1	
		9		2		5		

Level 2

Puzzle 44

2			3				8	
		3					1	
			8					6
	9			1				8
5								4
3				9			5	
6					9			
	7					4		
	1				4			2

Level 2

Puzzle 45

		2					8	
	6			3			5	
					9			
	9	8			4			3
			6		7			
1			8			4	2	
			2					
	5			7			6	
	4					9		

Level 2

Puzzle 46

						4		5
7	4					8		
					3		1	
		3		6			2	
			2		1			
	5			4		7		
	1		7					
		8					3	6
9		6						

Level 2

Puzzle 47

	2				1	9		
	3	1	4					
								7
			8		2		
5			7		9			6
		4		3				
8								
					5	3	1	
		7	2				8	

Level 2

Puzzle 48

			1			8		
7				8	3			
	1						4	2
6						3		
			9		4			
		2						6
3	4						5	
			2	7				9
		1			5			

Level 2

Puzzle 49

8	3		4			9		
				2				
					6		7	
				9		1		
3	4						6	8
		5		7				
	7		3					
				8				
		6			2		1	5

Level 2

Puzzle 50

				3	8			7
				4		5	9	2
		2						
					5	4		
	2						7	
		9	6					
						6		
6	4	3		8				
1			9	5				

Level 2

Puzzle 51

			9					
1		2						
			7		3			9
6			5	1			9	
3								4
	1			6	7			8
4			2		1			
						8		3
			4					

Level 2

Puzzle 52

		1				2		
					6			7
			4	5				3
8	2				9			
		5				9		
			3				1	4
7				8	4			
3			1					
		6				5		

Level 2

Puzzle 53

					9			7
							1	
	8			3	7			5
		8	4				2	
	1						9	
	6				2	8		
2			1	4			5	
	9							
7			3					

Level 2

Puzzle 54

3								4
				9				
		8	1		6	9		
	8						7	
5			7		1			3
	4						5	
		9	6		2	8		
				3				
2								5

Level 2

Puzzle 55

8		1					2	
								3
	7				4			6
				5		6	4	
	9						1	
	8	2		7				
1			2				3	
6								
	3					9		7

Level 2

Puzzle 56

6		1		3	7			
				6				
	5	9					7	
4						8		
			5		4			
		7						1
	2					4	9	
				1				
			6	7		3		2

Level 2

Puzzle 57

		9	6				3	
				4			2	
								5
3		5			9			1
	8						6	
1			8			9		4
5								
	4			2				
	2				7	1		

Level 2

Puzzle 58

	5	2						
1			3					
		6	4					9
	2	3		5				
9								6
				4		1	8	
7					8	5		
					3			2
						6	1	

Level 2

Puzzle 59

							3	
8				1	9			
		1		6		4	5	
		2						6
			5		8			
3						7		
	5	8		2		6		
			7	3				9
	6							

Level 2

Puzzle 60

							1	
	8				6			9
				7	8	4		3
						6		1
			6		4			
3		8						
4		3	9	5				
5			1				7	
	2							

Level 2

Puzzle 61

	5							2
7				1	6			
	6			9				
			7			2		
1	3						5	7
		4			2			
				4			9	
			8	5				3
9							6	

Level 2

Puzzle 62

4			5					
	8					4	7		9
	9			2				
					6			
	4	2				8	3	
			1					
				8			1	
5		3	7					6
					9			2

Level 2

Puzzle 63

	2			5		4		
			3				2	
8								9
1	3			8				
9								6
				2			4	1
5								7
	6				1			
		4		3			8	

Level 2

Puzzle 64

	3			4				
9	8	4	5					
								7
		5	9				6	
2								1
	1				2	7		
5								
					7	8	1	6
				8			4	

Level 2

Puzzle 65

4		9		7	2	3		
								8
			6	4		9		
	1							
			9		8			
							4	
		2		6	1			
9								
		8	7	3		1		5

Level 2

Puzzle 66

				3				
3		6	9	1				
	5					2		
		1	5					2
	4						5	
6					4	8		
		9					4	
				8	7	6		3
				9				

Level 2

Puzzle 67

		1		8				
		6						8
		4	1				9	
		5			8			9
			6		7			
2			3			1		
	3				2	7		
9						3		
				4		9		

Level 2

Puzzle 68

	2			4				3
			2					5
			1			6	7	
				5				1
		7				9		
6				8				
	5	1			6			
8					7			
2				9			4	

Level 2

Puzzle 69

	6							5
4				6				
8					7			1
		5			9			
	2		8		5		7	
			7			6		
2			3					9
				2				3
1							4	

Level 2

Puzzle 70

1		3						4
	9		3					
				1				2
	6		9	8				
	3						7	
				6	2		4	
4				5				
					6		9	
5						8		6

Level 2

Puzzle 71

		4				2		
				8				
	5		6		3		1	
2			9		7			4
	8						7	
6			4		8			1
	7		3		1		9	
				7				
		2				8		

LEVEL 3

Puzzle 72

4			5			9		7
						2		
3	1		9					
				7		5		9
			4		1			
1		6		9				
					3		8	2
		3						
7		8			5			4

Level 3

Puzzle 73

9		3				2		
	1	5		8				
		4					6	
2					6	3		
			5		2			
		1	7					8
	6					8		
				5		7	4	
		2				5		6

Level 3

Puzzle 74

4	2			1				
5					7			8
6						5		
	7			6				
	8		3		9		7	
				8			4	
		5						9
8			2					1
				4			3	2

Level 3

Puzzle 75

5					9			3
		2						
			2	7			9	
2				1		8		
		5	9		8	4		
		1		4				7
	6			3	2			
						5		
3			7					2

Level 3

Puzzle 76

3						8		
6			4					3
		8		5	9		7	
				4	2			
		3				4		
			9	7				
	4		1	8		6		
1					6			8
		9						2

Level 3

Puzzle 77

	1	6	5					
	9						1	3
				4				9
				7				4
		2	1		3	8		
9				6				
8				1				
5	4						6	
					2	9	5	

Level 3

Puzzle 78

						1		
	9		2			3	6	
3	8				7			
		7		4			8	
			9		6			
	2			8		9		
			3				1	2
	1	8			4		7	
		5						

Level 3

Puzzle 79

6				2	9		8	
					1			9
	4					2		
		7	1			5		
			6		8			
		2			4	3		
		9					7	
1			9					
	5		8	7				6

Level 3

	6	2	3			9		
								5
1					5			2
		1		6				3
			8		1			
8				7		2		
3			5					9
7								
		4			7	8	2	

Level 3

Puzzle 81

								1
			8	2				
	5					4		6
6		3		5	1			7
	9						5	
2			4	8		1		9
4		9					8	
				6	9			
3								

Level 3

Puzzle 82

					5	7		
6	9			2				
2		4	6					
		1	3	9				
	4						7	
				5	4	2		
					7	5		9
				6			8	1
		8	4					

Level 3

Puzzle 83

2						8		
			2				3	
5	6			4				
9	8			5		4		
3								7
		4		1			9	5
				7			2	4
	9				3			
		6						8

Level 3

Puzzle 84

				8				
	1				3	2	8	
	4		7					
	3			5		6		
1			6		8			7
		5		2			4	
					2		5	
	9	7	1				2	
				6				

Level 3

Puzzle 85

				7	4		9	
4								
		5	6			1		
7				4		3		
2			8		9			6
		4		3				8
		1			3	6		
								2
	9		7	1				

Level 3

Puzzle 86

	7		3					
	9	2			1		6	
1			7					
			9					4
	5		4		7		1	
3					2			
					4			2
	3		8			7	5	
					5		8	

Level 3

Puzzle 87

3	4		6	7				
		9						
8	5					9		
		4	9		8			
		6				5		
			3		2	7		
		7					3	6
						2		
				2	1		5	9

Level 3

Puzzle 88

Level 3

Puzzle 89

7						1	3	5
6				8				
4					2			
		8	4		9			
	6						5	
			5		3	2		
			2					8
				7				6
9	5	7						1

Level 3

Puzzle 90

		6						
	2			9	7			6
		5		6			3	
3	9	1			6			
			1			7	2	9
	7			8		5		
4			2	5			8	
						6		

Level 3

Puzzle 91

2							8	
8	6	4		3				
			5	9				
		6	2			7	5	
	2	9			5	6		
				1	9			
				2		4	3	8
	3							1

Level 3

Puzzle 92

						3		
			2		6			1
8			7			4		
	4			5			2	
7			6		8			4
	3			7			5	
		9			4			7
5			9		3			
		2						

Level 3

Puzzle 93

		9	7	2			3	
2	8						5	
								1
			4		7			6
8								5
3			9		1			
4								
	2						9	7
	7			3	8	1		

Level 3

Puzzle 94

4	1				9	7		
			8					1
	9					4	2	
				3	2			7
5			6	4				
	3	1					5	
2					8			
		9	5				4	8

Level 3

Puzzle 95

	9	2			4			
				2				6
		8				3		2
7				1				
	5		9		3		8	
				5				9
1		6				9		
5				7				
			2			8	5	

Level 3

Puzzle 96

			1	8		6		
		5	2					
7							2	
				6			3	4
3			8		4			5
9	6			7				
	9							6
					8	4		
		2		1	5			

Level 3

Puzzle 97

					1			9
4			5			1		
			2					3
8	6		4					
	7		8		6		2	
					5		4	8
3				5				
		1			7			2
5			9					

Level 3

			9			3		
			5			7		
6	2			7				
				1			3	5
		6	3		4	8		
1	4			8				
				9			8	6
		4			6			
		5			7			

Level 3

Puzzle 99

							3	
			6	2		1		9
5		4			7			8
		1	2					
			7		4			
					3	2		
7			3			9		4
9		2		5	8			
	5							

Level 3

Puzzle 100

		6		5			9	
4						7		
	2		3					8
				3		1		
7			8		9			6
		5		2				
8					7		5	
		4						1
	3			6		2		

Level 3

Puzzle 101

	5				4			
		8		9		6		2
	7						8	
9				8				
	4		6		3		5	
				1				4
	6						2	
3		5		6		7		
			9				3	

Level 3

Puzzle 102

8	2						5	6
4				9				1
					7			
		2		4				
	6		1		3		7	
				8		2		
			9					
1				7				9
5	9						6	8

Level 3

Puzzle 103

7						4	2	
4			1	9		3		
5				6				
							6	5
			8		1			
8	4							
				5				7
		7		1	4			3
	8	6						9

Level 3

Puzzle 104

			7		2			
		7		1				
		4				7	3	
9				6				2
	5		4		1		7	
1				3				8
	8	9				4		
				8		5		
			2		5			

Level 3

Puzzle 105

		7			9			
	3			5			7	
		1				8		2
6			7		1			
	8						9	
			2		4			5
9		5				2		
	2			6			8	
			3			6		

Level 3

Puzzle 106

				6		4		
		5			7			
7		9				5	8	
	4			9				
3			2		8			5
				4			2	
	1	3				7		6
			1			9		
		6		5				

Level 3

Puzzle 107

				3		7		
				8	1			
5			4					
	5		7		6	4		
2	4						9	6
		9	8		4		3	
					5			2
			3	7				
		8		1				

Level 3

Puzzle 108

				9	1		4	
1	2	3					6	
							3	
2			5		7			
6								4
			1		8			9
	4							
	1					8	7	5
	9		6	8				

Level 3

Puzzle 109

6				9	2			
3						5	4	
	5		3					
1				5				
4	2						7	6
				7				1
					9		3	
	9	3						8
			4	6				9

Level 3

Puzzle 110

9								2
	6						3	
			2	7	3			
	5			8			1	
2		8				9		4
	3			5			8	
			9	1	4			
	8						4	
6								5

Level 3

Puzzle 111

3	9			5				1
								2
		5	4			7		
				6		5		
1			3		9			8
		2		8				
		1			2	3		
8								
4				9			8	7

Level 3

Puzzle 112

			8			1		
7		6		3			9	2
							7	
	4	7					3	
			1		7			
	5					6	2	
	9							
5	2			4		8		3
		8			6			

Level 3

Puzzle 113

4	2		7					8
			2					5
		1				7		
				7			3	6
			4		8			
9	1			5				
		9				3		
5					1			
8					2		7	9

Level 3

Puzzle 114

8		2			4			
		3		5	2		6	
9			8			1		
								9
			4		5			
1								
		9			8			3
	5		7	1		9		
			6			2		8

Level 3

Puzzle 115

6				1	2			8
		9						
				5			7	
8			4		5			
3		5				8		4
			2		3			7
	7			3				
						9		
2			8	9				6

Level 3

Puzzle 116

						2	9	
2	4			7			1	
7					8			
		1		6				
	9		4		5		7	
				3		6		
			2					8
	7			8			5	4
	1	4						

Level 3

Puzzle 117

					8		2	
		4				1		6
9					5			
	2		4					9
	5		7		9		8	
8					6		3	
			9					8
1		3				5		
	6		2					

Level 3

Puzzle 118

6				5				
	1	3				8		4
			8			1		
1				9			7	
		4				9		
	9			2				3
		7			3			
5		2				4	9	
				7				6

Level 3

Puzzle 119

		7				4		
			9	8		7		
4	5							3
			3		2		8	
	9						3	
	7		1		5			
7							5	9
		1		6	7			
		8				2		

Level 3

Puzzle 120

		1	6	7				
		5				3		
	2						8	9
				9				5
8			4		3			6
7				6				
5	6						7	
		4				2		
				3	8	6		

Level 3

Puzzle 121

		3		8		7		
9								2
			5		2			
5				2				6
	8						7	
3				1				4
			7		3			
1								5
		4		6		8		

LEVEL 4

Puzzle 122

				4				
1								2
	2		5		3		9	
		7		9		8		
	9						4	
		6		7		5		
	5		1		6		2	
8								6
				8				

Level 4

Puzzle 123

								1
	8		9					
6	7		1	4				
	5		2	9				
		9				1		
				6	7		3	
				3	8		9	5
					5		4	
3								

Level 4

Puzzle 124

			2					
		4						
		3		1			7	8
6				7			5	
	2	5				3	4	
	4			8				6
7	8			9		1		
						2		
					4			

Level 4

Puzzle 125

	5	2		8				
							3	4
		9			1			
	7			5	9			
4								8
			4	7			6	
			7			5		
8	2							
				2		6	1	

Level 4

Puzzle 126

				6	9			4
				2			6	8
4							7	
			9				5	
		1				2		
	9				6			
	1							3
8	5			1				
2			5	3				

Level 4

Puzzle 127

	4	3						
	9					4		
	7			8	5			
	5		9					
8			6		1			9
					7		6	
			1	4			3	
		7					8	
						5	2	

Level 4

Puzzle 128

9	8							
5			4				3	
				9				2
	7	2	5			4		
		6			3	9	7	
8				4				
	6				1			5
							2	8

Level 4

Puzzle 129

					5	6		
	9			3				
4					2	7		
		6	2				4	
9								5
	3				1	8		
		7	9					3
				4			5	
		1	3					

Level 4

Puzzle 130

6		3		4				
			8		1		9	
						2		
		9	5					
4	1						7	3
					7	1		
		5						
	2		9		5			
				6		3		4

Level 4

Puzzle 131

9		1	3					
		6			5			
				1			5	
			7	6		4		
	2						7	
		5		9	8			
	4			7				
			4			2		
					2	6		8

Level 4

Puzzle 132

	6			7	2	8		
		4						3
9								
				8			5	
6			3		4			9
	7			1				
								5
3						2		
		8	9	4			7	

Level 4

Puzzle 133

4				7		1	8	
3								
1			4					
8					6	4		
		1				9		
		2	5					7
					5			9
								3
	9	7		8				6

Level 4

Puzzle 134

	3							
6			5			4	2	
		9			7			
2				6		8		
			1		4			
		4		9				7
			2			6		
	1	7			5			9
							8	

Level 4

Puzzle 135

								3
				8		5		
	4		1				7	9
	2			5	6			
	9						3	
			7	1			8	
6	3				9		1	
		8		2				
7								

Level 4

Puzzle 136

6								
						8	3	
	8		4		6			7
		5		3	1			
1								4
			2	7		5		
9			6		3		1	
	4	7						
								2

Level 4

Puzzle 137

		6						3
				1			9	4
					8		7	
	1			9				
6			2		5			8
				7			4	
	3		6					
5	9			4				
8						3		

Level 4

Puzzle 138

				8		6		1
					2			
		2		7			4	3
6			1			8		
		4			5			2
7	8			5		3		
			4					
5		9		6				

Level 4

Puzzle 139

	3				4		5	
		4						
		8		2				9
	9	6		7				
		3				5		
				6		7	1	
6				9		1		
						2		
	5		7				3	

Level 4

Puzzle 140

		1					3	
				7				
	6		2		3			5
				9			4	7
	5						6	
3	7			2				
8			3		4		1	
				1				
	2					9		

Level 4

Puzzle 141

							5	1
				7			9	
		7			6	8		
			4	3			8	2
7	6		5	9				
		1	8			2		
	3			2				
6	4							

Level 4

Puzzle 142

	8				1	3		2
			5					
				6				8
7	1						9	
			3		9			
	2						5	6
5				8				
					4			
1		3	9				7	

Level 4

Puzzle 143

	2		7			1		
			1					2
6		9						
5					8			
	6		4		3		8	
			6					5
						4		1
9					5			
		8			9		3	

Level 4

Puzzle 144

						6		
					4		9	
	5					7		2
	3			7		2		
4			5		8			7
		2		9			4	
5		1					8	
	6		2					
		3						

Level 4

Puzzle 145

2						6	8	
6	5		1					
			5					
		8			6	7		
7								9
		2	9			3		
					7			
					8		5	4
	3	4						1

Level 4

Puzzle 146

3		4		6				1
			9	5				
	2							
4					2		3	
		6				9		
	5		8					7
							6	
				4	9			
2				3		7		8

Level 4

Puzzle 147

						3		
5	4		6			7		
			9	8				
	9	2			3			
	8						2	
			7			5	1	
				5	2			
		7			9		6	4
		3						

Level 4

Puzzle 148

5							8	
	8			4				
				6		3	9	
		4	1		9	6		
		9	8		6	2		
	7	3		2				
				1			5	
	2							4

Level 4

Puzzle 149

2					6			
								9
			1	4			5	3
		9	5	7				
	6						8	
				8	2	1		
4	7			9	5			
8								
			2					6

Level 4

Puzzle 150

3								
	6	7	9					2
	4			1				
	9		2					8
1								9
5					4		3	
				4			1	
7					3	8	5	
								7

Level 4

Puzzle 151

9					8			
	2							
		1	7	5		3		
				3		5	2	
	1						9	
	6	7		4				
		6		1	9	2		
							4	
			6					7

Level 4

Puzzle 152

			8					
5			9				8	
		1			2		3	
9	4		7			5		
		2			6		7	1
	2		5			9		
	6				1			3
				3				

Level 4

Puzzle 153

			5			7		
	7			4				
9					6		1	2
	2			3				
1								5
				6			9	
5	3		9					8
				7			6	
		1			8			

Level 4

Puzzle 154

						3		
9	2		4		1			
						9	7	
	6			2	3	5		
		7	5	1			8	
	7	6						
			6		9		4	3
		5						

Level 4

Puzzle 155

		1	3					
				5			3	
	4	7						9
7	6		5					
			2		7			
					8		4	3
6						5	9	
	2			4				
					1	8		

Level 4

Puzzle 156

	4	8						5
				2	3			
	7			4				
2							8	
		9	1		7	6		
	6							7
				3			1	
			4	9				
1						8	2	

Level 4

Puzzle 157

	6	4					9	
						6		
				2	3			7
2	1		5			3		
		7			9		4	1
8			7	6				
		5						
	4					2	5	

Level 4

Puzzle 158

5		4	7					
6				4				
		1				3		
	3		8	9				2
1				5	7		6	
		6				7		
				1				3
					9	1		8

Level 4

Puzzle 159

	7			1		8		
5		6			4		3	
				6				
8			2					
7								4
					3			1
			5					
	1		7			2		9
		4		6			5	

Level 4

Puzzle 160

				7	1			
	4	3						9
		2						
7			9	8				2
		6				7		
4				3	5			6
						4		
8						1	3	
			6	1				

Level 4

Puzzle 161

					9		6	
		8						7
4				3				
			5			4	1	
3			7		8			9
	1	5			4			
				6				3
9						2		
	6		1					

Level 4

Puzzle 162

			6					2
		4		3			8	
						3	5	
5				8	6			
8								4
			2	5				9
	2	7						
	1			7		9		
6					4			

Level 4

Puzzle 163

							1	
			6			7		3
	3		4	2				
		7		3		4		
	9						5	
		1		9		2		
				7	1		8	
2		6			5			
	4							

Level 4

Puzzle 164

		7			1			6
			8				3	9
				2				4
					7			1
	3						6	
5			2					
6				9				
3	8				5			
2			7			5		

Level 4

Puzzle 165

				7	2			5
							9	
	9				6			1
		7		4			2	
	4						3	
	3			1		6		
2			1				5	
	6							
9			5	8				

Level 4

Puzzle 166

	6		4				3	
9				3		6		
		1				2		
2				6				
	3						1	
				8				7
		8				7		
		9		5				8
	5				1		2	

Level 4

Puzzle 167

3	9							
		8			5			7
			2				1	
		4		3			7	
	6						2	
	8			4		9		
	5				7			
2			9			8		
							6	3

Level 4

Puzzle 168

				9	6			
8		7						
		4		1			2	
					5		7	4
	8						5	
4	1		6					
	9			8		1		
						7		3
			5	3				

Level 4

Puzzle 169

			2	5				8
						4		9
		5		1				
	4					2		7
			7		4			
6		8					9	
			7			3		
1		2						
8				9	6			

Level 4

Puzzle 170

2		6						1
					7		4	
		4		5				
			8	2			5	
	5						9	
	7			1	6			
				3		2		
	3		9					
9						7		8

Level 4

Puzzle 171

				5			7	2
4					3			
8							6	1
				2		8		
3			8		4			5
		7		9				
1	2							7
			5					9
9	4			7				

LEVEL 5

Puzzle 172

5		9						
3			9				7	
				1	3			6
4				2	6			
2								8
			5	7				9
9			3	5				
	6				2			7
						1		4

Level 5

Puzzle 173

	8		1					
					3			7
		3		9		1		
	4			2				9
		1	8		6	2		
2				7			6	
		2		4		5		
6			9					
					8		4	

Level 5

Puzzle 174

		5	1			8		
		5	1					
9		1		8		2	6	
				7			4	
		4	3		6	7		
	3			9				
	8	7		1		3		5
					4	6		
		2						

Level 5

Puzzle 175

			8				9	
1		8			4			
				6			7	
	2			7				8
		5	3		1	6		
8				4			3	
	5			1				
			4			5		1
	7				9			

Level 5

Puzzle 176

		9		6	8			
		3				4		
	8						7	3
6				7				
7			4		2			6
				1				5
9	3						4	
		5				9		
			9	5		2		

Level 5

Puzzle 177

		8	6	9		1		
						5		
7	1							8
			2		8			4
6								2
4			5		9			
9							6	1
		7						
		1		8	5	3		

Level 5

Puzzle 178

	1					7		
			5					2
7		4		3		1		
			2		8		3	
		9				4		
	5		3		9			
		8		7		3		6
1					4			
		5					7	

Level 5

Puzzle 179

					9	5	2	
				7		9		1
4				6				
8			6				4	
		4				3		
	9				2			8
				8				9
2		8		1				
	6	3	5					

Level 5

Puzzle 180

				2	5			7
						8		1
6						9		
	5	4		1				
9	7						6	8
				5		4	1	
		6						3
5		9						
3			7	4				

Level 5

Puzzle 181

		6	2			5		
	3						8	
	2			3	8			
4							3	
1			9		4			7
	8							5
			6	9			5	
	1						2	
		7			5	8		

Level 5

Puzzle 182

		8						
	2			9			4	
		7	4			5		3
				2		1		
	4		7		6		2	
		3		8				
8		1			7	2		
	5			1			6	
						3		

Level 5

Puzzle 183

							7	
	6			8				1
				7	4	9		
2	5	1	7					4
9					2	5	6	3
	8	7	1					
5				6			2	
	9							

Level 5

Puzzle 184

		3						
	5		2				6	
				4	5			7
		8		7			3	
		7	3		4	2		
	6			8		4		
1			9	6				
	8				7		2	
					9			

Level 5

Puzzle 185

				6		7	2	
7	1						5	
9					3			
		5		4				
4			3		1			8
				5		6		
			2					4
	9						3	2
	3	4		9				

Level 5

Puzzle 186

	6				4			
		8		1				5
		9				8	7	
5				4				
	2		5		9		6	
				7				1
	3	1				4		
8				9		1		
			6				3	

Level 5

Puzzle 187

8	2				1			7
				9				5
		4				3		
1			4		9			
	7						4	
			3		5			6
		6				5		
9				6				
3			7				8	9

Level 5

Puzzle 188

4	8				1	6		
	5							
2				7		1	3	
			8					
5			7		2			4
					3			
	9	4		5				6
							2	
		6	3				1	9

Level 5

Puzzle 189

	7			9				
					2			6
		1	5			9		
	5			4		7		
6			2		5			1
		9		1			8	
		5			4	8		
4			6					
				7			3	

Level 5

Puzzle 190

	4				9	1		
				6			5	
5		7	8					
				8	5	9		
4								5
		3	9	2				
					4	6		2
	8			3				
		9	1				4	

Level 5

Puzzle 191

5					6		
		9	2	6	4		
9					3	7	
			1	3			
6						8	
		2	7				
8	1					9	
	7	8	4	5			
	2					3	

Level 5

Puzzle 192

8		6						9
				8				
			2		5			7
		1	9		4	2		
	7						4	
		9	1		7	3		
7			8		9			
				5				
3						4		5

Level 5

Puzzle 193

	4			8		5		
		7						9
9					2		4	
		3		7				
6			8		4			2
				6		7		
	8		4					6
2						3		
		1		3			5	

Level 5

Puzzle 194

3		8		4				
					5	7		9
		5		3	4			8
	2						6	
6			9	7		4		
1		6	3					
				1		5		4

Level 5

Puzzle 195

	1		5					
8			9					7
						6	3	
4					2	8		
	5						9	
		9	8					2
	4	3						
7					1			8
					3		1	

Level 5

Puzzle 196

		2						
	6	4					1	
9			4		5			7
			2	6		9		
	7		8	1				
8			5		7			9
	1					3	2	
						4		

Level 5

Puzzle 197

		4			2			
				5		3		6
	6						7	
3					1			
7	4						6	2
			9					4
	3						1	
2		8		9				
			8			9		

Level 5

Puzzle 198

8		3	9			4		
				2		1	5	
								2
		6	3					
	1						9	
					7	2		
6								
	5	9		1				
		2			5	8		7

Level 5

Puzzle 199

					2			
	2		7			3	6	
	6	1				5		
8		3		1				
				4		6		7
		2				4	5	
	7	9			1		2	
			9					

Level 5

Puzzle 200

							9	
8				3				7
					9	4		5
	5			4	3	8		
		9	5	2			6	
6		4	1					
2				7				3
	8							

Level 5

Puzzle 201

			3					
	5				4	1		
	7						8	6
5		4		8			3	
	1			6		5		7
3	9						7	
		2	9				4	
				1				

Level 5

Solutions 1–12

1

4	9	7	1	5	2	8	6	3
5	1	8	7	3	6	9	4	2
6	2	3	8	9	4	5	7	1
2	3	1	5	6	8	7	9	4
7	6	5	4	2	9	1	3	8
8	4	9	3	7	1	2	5	6
3	7	4	2	8	5	6	1	9
9	5	2	6	1	3	4	8	7
1	8	6	9	4	7	3	2	5

2

6	3	2	7	1	8	9	4	5
1	9	4	3	5	6	7	8	2
5	8	7	4	2	9	6	1	3
8	1	3	9	6	5	4	2	7
2	7	9	1	3	4	8	5	6
4	6	5	2	8	7	1	3	9
9	5	8	6	4	2	3	7	1
7	2	1	8	9	3	5	6	4
3	4	6	5	7	1	2	9	8

3

7	9	5	2	4	1	3	8	6
3	8	4	5	9	6	1	2	7
1	2	6	8	3	7	9	5	4
5	6	7	9	2	3	8	4	1
4	3	9	1	7	8	2	6	5
8	1	2	4	6	5	7	9	3
2	7	3	6	8	4	5	1	9
6	5	8	3	1	9	4	7	2
9	4	1	7	5	2	6	3	8

4

2	9	5	6	1	8	7	3	4
1	6	4	7	9	3	5	8	2
8	7	3	2	4	5	9	1	6
3	4	2	9	8	7	6	5	1
6	5	9	1	3	2	4	7	8
7	1	8	4	5	6	2	9	3
4	8	7	3	2	9	1	6	5
9	3	1	5	6	4	8	2	7
5	2	6	8	7	1	3	4	9

5

2	4	6	5	1	3	7	9	8
9	1	3	6	8	7	2	5	4
7	5	8	4	9	2	1	6	3
8	9	4	2	3	5	6	1	7
6	3	2	1	7	9	4	8	5
1	7	5	8	4	6	9	3	2
3	8	7	9	2	1	5	4	6
5	2	9	3	6	4	8	7	1
4	6	1	7	5	8	3	2	9

6

6	1	3	8	2	4	7	9	5
8	4	9	7	1	5	2	3	6
7	2	5	6	3	9	1	4	8
9	7	8	3	4	1	5	6	2
5	3	1	2	7	6	4	8	9
2	6	4	9	5	8	3	7	1
4	8	7	5	9	2	6	1	3
1	5	6	4	8	3	9	2	7
3	9	2	1	6	7	8	5	4

7

1	8	5	2	4	9	7	3	6
4	3	2	8	7	6	1	5	9
6	7	9	1	3	5	4	2	8
7	1	4	9	5	2	6	8	3
3	5	8	6	1	7	2	9	4
2	9	6	3	8	4	5	7	1
8	4	1	7	2	3	9	6	5
5	6	7	4	9	8	3	1	2
9	2	3	5	6	1	8	4	7

8

4	5	9	3	8	1	7	2	6
8	1	7	2	4	6	9	5	3
6	3	2	9	5	7	8	1	4
3	9	8	7	1	2	4	6	5
1	4	5	8	6	3	2	7	9
7	2	6	5	9	4	3	8	1
9	6	3	1	7	8	5	4	2
2	8	1	4	3	5	6	9	7
5	7	4	6	2	9	1	3	8

9

4	8	2	6	1	3	5	9	7
3	9	1	2	7	5	6	8	4
7	6	5	9	4	8	3	1	2
8	5	6	1	3	2	4	7	9
2	3	7	5	9	4	8	6	1
9	1	4	7	8	6	2	3	5
1	2	8	3	5	7	9	4	6
5	7	3	4	6	9	1	2	8
6	4	9	8	2	1	7	5	3

10

6	3	9	7	8	2	4	1	5
2	5	1	9	4	3	7	6	8
4	7	8	6	1	5	9	2	3
3	6	2	1	7	9	5	8	4
1	8	7	5	3	4	6	9	2
5	9	4	8	2	6	3	7	1
9	4	3	2	6	8	1	5	7
8	1	6	3	5	7	2	4	9
7	2	5	4	9	1	8	3	6

11

2	9	6	7	8	3	1	5	4
4	8	3	9	1	5	2	6	7
1	7	5	4	6	2	9	8	3
6	4	7	1	9	8	5	3	2
8	3	1	5	2	6	7	4	9
5	2	9	3	7	4	8	1	6
9	6	4	2	5	1	3	7	8
3	1	2	8	4	7	6	9	5
7	5	8	6	3	9	4	2	1

12

7	4	9	8	3	6	1	2	5
5	8	1	9	4	2	6	7	3
3	2	6	1	7	5	4	9	8
8	5	2	6	9	4	3	1	7
4	9	3	2	1	7	5	8	6
1	6	7	3	5	8	2	4	9
6	7	5	4	2	9	8	3	1
9	3	4	5	8	1	7	6	2
2	1	8	7	6	3	9	5	4

Solutions 13-24

13

7	3	6	1	4	8	9	2	5
5	8	4	9	3	2	7	6	1
1	2	9	7	6	5	4	8	3
4	1	8	3	2	9	5	7	6
9	5	2	6	1	7	8	3	4
6	7	3	5	8	4	1	9	2
3	6	5	8	9	1	2	4	7
8	4	7	2	5	6	3	1	9
2	9	1	4	7	3	6	5	8

14

8	4	6	7	9	1	2	5	3
3	1	9	8	5	2	4	7	6
7	2	5	3	6	4	1	9	8
6	7	1	9	4	5	8	3	2
9	5	3	1	2	8	6	4	7
2	8	4	6	7	3	9	1	5
1	9	2	5	8	7	3	6	4
4	6	7	2	3	9	5	8	1
5	3	8	4	1	6	7	2	9

15

9	8	2	3	7	1	5	4	6
6	1	5	4	9	8	3	7	2
7	3	4	2	6	5	9	1	8
1	2	7	5	8	6	4	9	3
3	4	6	9	2	7	1	8	5
5	9	8	1	3	4	2	6	7
4	6	9	7	5	2	8	3	1
2	7	3	8	1	9	6	5	4
8	5	1	6	4	3	7	2	9

16

5	3	2	1	9	4	7	6	8
9	8	6	7	3	5	4	2	1
4	1	7	6	8	2	9	3	5
7	5	8	4	6	9	3	1	2
6	2	3	8	7	1	5	9	4
1	4	9	2	5	3	6	8	7
3	7	1	5	2	6	8	4	9
8	6	4	9	1	7	2	5	3
2	9	5	3	4	8	1	7	6

17

9	8	2	1	7	6	3	5	4
4	3	5	2	8	9	7	6	1
6	7	1	3	4	5	9	2	8
7	4	8	5	2	3	1	9	6
3	5	9	4	6	1	2	8	7
1	2	6	7	9	8	5	4	3
2	6	4	9	3	7	8	1	5
5	9	3	8	1	4	6	7	2
8	1	7	6	5	2	4	3	9

18

9	6	1	5	4	2	8	7	3
3	8	5	7	1	6	9	2	4
4	7	2	8	3	9	6	5	1
5	2	8	3	6	4	1	9	7
7	9	4	1	5	8	2	3	6
6	1	3	9	2	7	4	8	5
2	3	9	4	7	1	5	6	8
8	4	7	6	9	5	3	1	2
1	5	6	2	8	3	7	4	9

19

9	5	6	3	1	4	8	7	2
3	8	1	6	7	2	5	9	4
4	2	7	9	8	5	6	3	1
2	4	3	5	6	1	9	8	7
6	7	8	2	9	3	4	1	5
5	1	9	8	4	7	2	6	3
7	9	5	1	2	6	3	4	8
1	6	2	4	3	8	7	5	9
8	3	4	7	5	9	1	2	6

20

2	6	9	5	1	8	4	7	3
1	4	5	7	3	9	2	6	8
3	8	7	2	4	6	9	1	5
4	9	1	8	5	2	6	3	7
8	7	3	6	9	1	5	4	2
6	5	2	3	7	4	8	9	1
5	1	6	4	8	7	3	2	9
7	2	8	9	6	3	1	5	4
9	3	4	1	2	5	7	8	6

21

2	7	9	5	8	3	6	1	4
1	6	3	4	2	9	8	5	7
5	8	4	1	7	6	2	9	3
7	4	2	9	6	8	5	3	1
8	9	6	3	5	1	7	4	2
3	5	1	7	4	2	9	8	6
6	1	7	8	3	5	4	2	9
4	3	8	2	9	7	1	6	5
9	2	5	6	1	4	3	7	8

22

2	9	6	3	7	5	8	1	4
4	3	7	6	1	8	2	9	5
1	8	5	4	2	9	3	7	6
9	5	8	7	6	4	1	2	3
3	6	1	5	9	2	7	4	8
7	2	4	1	8	3	5	6	9
8	4	9	2	5	7	6	3	1
5	1	2	9	3	6	4	8	7
6	7	3	8	4	1	9	5	2

23

1	2	6	7	8	4	3	9	5
8	7	3	5	9	2	1	4	6
4	9	5	6	3	1	2	8	7
7	6	9	2	5	3	8	1	4
5	8	2	1	4	7	9	6	3
3	4	1	8	6	9	7	5	2
2	5	4	3	1	8	6	7	9
6	3	8	9	7	5	4	2	1
9	1	7	4	2	6	5	3	8

24

9	7	2	1	8	4	3	5	6
8	4	6	3	2	5	7	1	9
3	1	5	9	7	6	2	8	4
2	5	7	4	1	3	6	9	8
1	6	3	2	9	8	5	4	7
4	9	8	6	5	7	1	3	2
7	3	4	5	6	9	8	2	1
6	2	9	8	3	1	4	7	5
5	8	1	7	4	2	9	6	3

Solutions 25–36

25

7	2	8	5	3	6	4	9	1
4	3	9	1	2	8	5	6	7
5	1	6	4	9	7	8	2	3
1	5	4	9	7	3	6	8	2
9	8	7	6	5	2	3	1	4
2	6	3	8	4	1	7	5	9
8	4	5	3	1	9	2	7	6
6	7	1	2	8	4	9	3	5
3	9	2	7	6	5	1	4	8

26

2	8	5	6	9	7	4	1	3
4	7	3	2	8	1	9	5	6
6	1	9	5	3	4	8	2	7
8	6	1	7	4	3	2	9	5
7	5	2	9	1	6	3	8	4
9	3	4	8	2	5	7	6	1
5	9	7	4	6	2	1	3	8
1	4	8	3	5	9	6	7	2
3	2	6	1	7	8	5	4	9

27

8	5	2	6	1	3	7	4	9
6	1	4	9	7	2	8	3	5
7	3	9	5	4	8	1	6	2
1	2	6	8	3	9	5	7	4
9	4	3	7	6	5	2	1	8
5	8	7	1	2	4	6	9	3
2	7	5	3	9	1	4	8	6
3	6	8	4	5	7	9	2	1
4	9	1	2	8	6	3	5	7

28

3	1	4	5	6	2	8	9	7
7	8	5	3	4	9	2	6	1
9	6	2	7	8	1	3	4	5
1	4	6	2	7	3	9	5	8
8	5	7	9	1	4	6	3	2
2	9	3	6	5	8	7	1	4
6	3	8	1	2	5	4	7	9
5	2	9	4	3	7	1	8	6
4	7	1	8	9	6	5	2	3

29

3	2	8	4	1	5	6	9	7
7	5	4	6	8	9	2	3	1
6	1	9	3	2	7	4	5	8
9	4	3	5	7	2	1	8	6
8	6	1	9	3	4	5	7	2
5	7	2	1	6	8	9	4	3
4	8	7	2	9	1	3	6	5
2	9	6	7	5	3	8	1	4
1	3	5	8	4	6	7	2	9

30

3	8	5	1	7	4	6	9	2
1	4	2	3	9	6	5	8	7
7	9	6	5	2	8	4	3	1
4	3	7	8	1	2	9	6	5
2	6	8	9	4	5	7	1	3
5	1	9	7	6	3	2	4	8
6	7	1	2	3	9	8	5	4
8	2	4	6	5	1	3	7	9
9	5	3	4	8	7	1	2	6

31

9	6	3	2	1	8	7	5	4
7	1	2	6	4	5	9	3	8
5	4	8	3	7	9	1	2	6
8	7	6	9	5	1	2	4	3
1	5	9	4	3	2	8	6	7
2	3	4	8	6	7	5	1	9
6	8	7	1	2	3	4	9	5
3	9	1	5	8	4	6	7	2
4	2	5	7	9	6	3	8	1

32

2	3	1	5	9	8	7	6	4
7	4	9	6	1	3	2	8	5
5	8	6	4	7	2	3	1	9
6	2	5	7	8	1	4	9	3
3	7	8	9	6	4	1	5	2
9	1	4	2	3	5	6	7	8
4	9	2	1	5	7	8	3	6
1	5	3	8	2	6	9	4	7
8	6	7	3	4	9	5	2	1

33

8	1	5	6	9	7	3	2	4
2	9	4	3	8	1	6	7	5
6	7	3	2	5	4	1	8	9
1	8	6	9	2	5	4	3	7
9	5	7	8	4	3	2	1	6
3	4	2	7	1	6	9	5	8
5	6	1	4	3	8	7	9	2
7	3	9	5	6	2	8	4	1
4	2	8	1	7	9	5	6	3

34

8	7	9	5	2	4	3	1	6
3	1	5	9	7	6	8	2	4
4	6	2	3	8	1	9	7	5
7	5	4	8	9	3	2	6	1
9	3	1	6	4	2	7	5	8
2	8	6	1	5	7	4	9	3
1	2	7	4	3	5	6	8	9
5	9	3	2	6	8	1	4	7
6	4	8	7	1	9	5	3	2

35

4	8	1	2	6	7	5	9	3
6	7	9	5	1	3	2	8	4
5	2	3	9	8	4	7	6	1
2	9	7	3	4	6	8	1	5
3	1	6	8	7	5	4	2	9
8	5	4	1	2	9	3	7	6
9	4	2	7	5	1	6	3	8
1	6	8	4	3	2	9	5	7
7	3	5	6	9	8	1	4	2

36

3	5	1	2	8	4	9	6	7
2	6	9	7	3	5	4	8	1
8	4	7	9	1	6	3	5	2
6	8	2	3	9	7	1	4	5
5	9	3	8	4	1	7	2	6
7	1	4	5	6	2	8	3	9
9	2	8	6	7	3	5	1	4
1	3	5	4	2	9	6	7	8
4	7	6	1	5	8	2	9	3

Solutions 37–48

37

9	2	5	6	4	8	3	1	7
1	6	4	2	3	7	8	5	9
8	3	7	1	5	9	6	4	2
4	1	6	8	2	3	9	7	5
3	8	2	7	9	5	4	6	1
7	5	9	4	6	1	2	8	3
2	4	1	9	7	6	5	3	8
5	9	8	3	1	4	7	2	6
6	7	3	5	8	2	1	9	4

38

4	8	2	5	1	6	3	9	7
7	1	5	9	3	8	4	2	6
6	3	9	4	7	2	8	5	1
2	7	3	8	5	4	1	6	9
1	5	4	6	9	7	2	8	3
8	9	6	3	2	1	5	7	4
5	4	8	7	6	3	9	1	2
9	6	1	2	4	5	7	3	8
3	2	7	1	8	9	6	4	5

39

5	7	8	2	3	1	4	6	9
2	4	6	8	9	5	1	7	3
1	3	9	7	4	6	2	8	5
6	2	3	5	8	9	7	4	1
4	9	7	1	6	3	8	5	2
8	5	1	4	7	2	9	3	6
9	6	4	3	1	8	5	2	7
3	8	2	9	5	7	6	1	4
7	1	5	6	2	4	3	9	8

40

7	5	4	1	6	2	9	8	3
6	8	1	3	9	7	2	4	5
3	9	2	8	5	4	7	1	6
5	2	7	4	8	9	6	3	1
8	1	6	2	3	5	4	9	7
4	3	9	6	7	1	8	5	2
1	4	8	7	2	3	5	6	9
2	6	5	9	1	8	3	7	4
9	7	3	5	4	6	1	2	8

41

6	8	5	9	4	1	3	2	7
9	7	2	3	5	8	6	1	4
4	1	3	2	6	7	9	8	5
8	6	4	7	2	3	5	9	1
3	5	1	8	9	6	4	7	2
2	9	7	4	1	5	8	3	6
7	3	6	5	8	2	1	4	9
1	4	8	6	7	9	2	5	3
5	2	9	1	3	4	7	6	8

42

3	4	1	7	5	9	2	6	8
2	9	6	3	8	4	5	1	7
8	5	7	1	6	2	9	3	4
6	1	3	8	2	5	4	7	9
4	2	5	6	9	7	3	8	1
7	8	9	4	3	1	6	5	2
1	7	2	5	4	3	8	9	6
9	3	8	2	7	6	1	4	5
5	6	4	9	1	8	7	2	3

43

8	4	3	7	9	2	6	5	1
6	2	7	5	3	1	4	8	9
9	1	5	6	8	4	2	7	3
7	9	6	2	5	3	1	4	8
4	8	1	9	7	6	3	2	5
3	5	2	4	1	8	7	9	6
5	7	4	1	6	9	8	3	2
2	6	8	3	4	5	9	1	7
1	3	9	8	2	7	5	6	4

44

2	4	6	3	5	1	7	8	9
7	8	3	9	4	6	2	1	5
1	5	9	8	2	7	3	4	6
4	9	7	5	1	3	6	2	8
5	2	1	6	7	8	9	3	4
3	6	8	4	9	2	1	5	7
6	3	4	2	8	9	5	7	1
8	7	2	1	6	5	4	9	3
9	1	5	7	3	4	8	6	2

45

9	1	2	4	6	5	3	8	7
8	6	4	7	3	2	1	5	9
5	3	7	1	8	9	6	4	2
6	9	8	5	2	4	7	1	3
4	2	3	6	1	7	8	9	5
1	7	5	8	9	3	4	2	6
7	8	9	2	4	6	5	3	1
3	5	1	9	7	8	2	6	4
2	4	6	3	5	1	9	7	8

46

6	3	2	1	8	9	4	7	5
7	4	1	6	5	2	8	9	3
8	9	5	4	7	3	6	1	2
1	8	3	5	6	7	9	2	4
4	6	7	2	9	1	3	5	8
2	5	9	3	4	8	7	6	1
3	1	4	7	2	6	5	8	9
5	7	8	9	1	4	2	3	6
9	2	6	8	3	5	1	4	7

47

7	2	8	6	5	1	9	4	3
9	3	1	4	2	7	5	6	8
4	6	5	3	9	8	1	2	7
3	7	9	1	8	6	2	5	4
5	1	2	7	4	9	8	3	6
6	8	4	5	3	2	7	9	1
8	5	3	9	1	4	6	7	2
2	4	6	8	7	5	3	1	9
1	9	7	2	6	3	4	8	5

48

9	6	5	1	4	2	8	7	3
7	2	4	6	8	3	1	9	5
8	1	3	7	5	9	6	4	2
6	7	9	5	2	8	3	1	4
1	3	8	9	6	4	5	2	7
4	5	2	3	1	7	9	8	6
3	4	7	8	9	6	2	5	1
5	8	6	2	7	1	4	3	9
2	9	1	4	3	5	7	6	8

Solutions 49–60

49

8	3	1	4	5	7	9	2	6
6	9	7	1	2	8	5	3	4
4	5	2	9	3	6	8	7	1
7	2	8	6	9	4	1	5	3
3	4	9	2	1	5	7	6	8
1	6	5	8	7	3	4	9	2
5	7	4	3	6	1	2	8	9
2	1	3	5	8	9	6	4	7
9	8	6	7	4	2	3	1	5

50

9	5	4	2	3	8	1	6	7
3	6	8	7	4	1	5	9	2
7	1	2	5	6	9	3	4	8
8	7	1	3	9	5	4	2	6
5	2	6	8	1	4	9	7	3
4	3	9	6	2	7	8	1	5
2	9	5	4	7	3	6	8	1
6	4	3	1	8	2	7	5	9
1	8	7	9	5	6	2	3	4

51

5	3	7	1	9	6	4	8	2
1	9	2	4	5	8	7	3	6
8	4	6	7	2	3	5	1	9
6	2	8	5	1	4	3	9	7
3	7	5	9	8	2	1	6	4
9	1	4	3	6	7	2	5	8
4	8	9	2	3	1	6	7	5
2	5	1	6	7	9	8	4	3
7	6	3	8	4	5	9	2	1

52

6	4	1	8	7	3	2	5	9
5	8	3	2	9	6	1	4	7
2	7	9	4	5	1	6	8	3
8	2	4	6	1	9	7	3	5
1	3	5	7	4	8	9	2	6
9	6	7	3	2	5	8	1	4
7	9	2	5	8	4	3	6	1
3	5	8	1	6	7	4	9	2
4	1	6	9	3	2	5	7	8

53

6	2	4	5	1	9	3	8	7
3	5	7	6	8	4	9	1	2
1	8	9	2	3	7	6	4	5
9	7	8	4	6	1	5	2	3
5	1	2	8	7	3	4	9	6
4	6	3	9	5	2	8	7	1
2	3	6	1	4	8	7	5	9
8	9	5	7	2	6	1	3	4
7	4	1	3	9	5	2	6	8

54

3	9	1	2	7	8	5	6	4
6	2	4	3	9	5	7	8	1
7	5	8	1	4	6	9	3	2
9	8	3	5	2	4	1	7	6
5	6	2	7	8	1	4	9	3
1	4	7	9	6	3	2	5	8
4	3	9	6	5	2	8	1	7
8	1	5	4	3	7	6	2	9
2	7	6	8	1	9	3	4	5

55

8	6	1	5	3	7	4	2	9
9	2	4	1	6	8	5	7	3
3	7	5	9	2	4	1	8	6
7	1	3	8	5	9	6	4	2
5	9	6	3	4	2	7	1	8
4	8	2	6	7	1	3	9	5
1	5	7	2	9	6	8	3	4
6	4	9	7	8	3	2	5	1
2	3	8	4	1	5	9	6	7

56

6	8	1	2	3	7	9	5	4
7	3	4	9	6	5	1	2	8
2	5	9	1	4	8	6	7	3
4	6	2	7	9	1	8	3	5
3	1	8	5	2	4	7	6	9
5	9	7	3	8	6	2	4	1
1	2	6	8	5	3	4	9	7
9	7	3	4	1	2	5	8	6
8	4	5	6	7	9	3	1	2

57

2	5	9	6	8	1	4	3	7
8	1	7	5	4	3	6	2	9
4	3	6	7	9	2	8	1	5
3	6	5	4	7	9	2	8	1
9	8	4	2	1	5	7	6	3
1	7	2	8	3	6	9	5	4
5	9	8	1	6	4	3	7	2
7	4	1	3	2	8	5	9	6
6	2	3	9	5	7	1	4	8

58

4	5	2	7	8	9	3	6	1
1	9	7	3	2	6	8	4	5
3	8	6	4	1	5	7	2	9
8	2	3	6	5	1	4	9	7
9	1	4	8	3	7	2	5	6
6	7	5	9	4	2	1	8	3
7	6	1	2	9	8	5	3	4
5	4	8	1	6	3	9	7	2
2	3	9	5	7	4	6	1	8

59

4	7	6	2	8	5	9	3	1
8	3	5	4	1	9	2	6	7
2	9	1	3	6	7	4	5	8
5	4	2	1	7	3	8	9	6
6	1	7	5	9	8	3	2	4
3	8	9	6	4	2	7	1	5
7	5	8	9	2	1	6	4	3
1	2	4	7	3	6	5	8	9
9	6	3	8	5	4	1	7	2

60

7	3	5	2	4	9	8	1	6
2	8	4	3	1	6	7	5	9
6	1	9	5	7	8	4	2	3
9	4	7	8	2	5	6	3	1
1	5	2	6	3	4	9	8	7
3	6	8	7	9	1	5	4	2
4	7	3	9	5	2	1	6	8
5	9	6	1	8	3	2	7	4
8	2	1	4	6	7	3	9	5

Solutions 61–72

61

8	5	9	4	7	3	6	1	2
7	4	3	2	1	6	5	8	9
2	6	1	5	9	8	3	7	4
6	9	8	7	3	5	2	4	1
1	3	2	9	6	4	8	5	7
5	7	4	1	8	2	9	3	6
3	2	5	6	4	7	1	9	8
4	1	6	8	5	9	7	2	3
9	8	7	3	2	1	4	6	5

62

4	3	6	5	9	7	1	2	8
8	2	1	3	6	4	7	5	9
7	9	5	8	2	1	6	4	3
3	1	8	2	4	6	9	7	5
6	4	2	9	7	5	8	3	1
9	5	7	1	3	8	2	6	4
2	6	9	4	8	3	5	1	7
5	8	3	7	1	2	4	9	6
1	7	4	6	5	9	3	8	2

63

7	2	9	1	5	8	4	6	3
4	1	6	3	9	7	5	2	8
8	5	3	2	6	4	7	1	9
1	3	5	4	8	6	9	7	2
9	4	2	7	1	3	8	5	6
6	8	7	9	2	5	3	4	1
5	9	1	8	4	2	6	3	7
3	6	8	5	7	1	2	9	4
2	7	4	6	3	9	1	8	5

64

7	3	2	6	4	9	1	5	8
9	8	4	5	7	1	6	2	3
6	5	1	8	2	3	4	9	7
3	7	5	9	1	8	2	6	4
2	4	6	7	3	5	9	8	1
8	1	9	4	6	2	7	3	5
5	6	8	1	9	4	3	7	2
4	9	3	2	5	7	8	1	6
1	2	7	3	8	6	5	4	9

65

4	6	9	8	7	2	3	5	1
5	2	7	1	9	3	4	6	8
1	8	3	6	4	5	9	7	2
3	1	6	4	2	7	5	8	9
2	7	4	9	5	8	6	1	3
8	9	5	3	1	6	2	4	7
7	3	2	5	6	1	8	9	4
9	5	1	2	8	4	7	3	6
6	4	8	7	3	9	1	2	5

66

1	2	4	8	3	5	9	7	6
3	7	6	9	1	2	5	8	4
9	5	8	7	4	6	2	3	1
8	3	1	5	7	9	4	6	2
2	4	7	1	6	8	3	5	9
6	9	5	3	2	4	8	1	7
7	6	9	2	5	3	1	4	8
5	1	2	4	8	7	6	9	3
4	8	3	6	9	1	7	2	5

67

5	9	1	7	8	6	2	4	3
3	7	6	4	2	9	5	1	8
8	2	4	1	3	5	6	9	7
7	6	5	2	1	8	4	3	9
1	4	3	6	9	7	8	2	5
2	8	9	3	5	4	1	7	6
4	3	8	9	6	2	7	5	1
9	5	2	8	7	1	3	6	4
6	1	7	5	4	3	9	8	2

68

7	2	5	6	4	9	8	1	3
1	6	3	2	7	8	4	9	5
9	8	4	1	3	5	6	7	2
3	9	8	7	5	4	2	6	1
5	1	7	3	6	2	9	8	4
6	4	2	9	8	1	3	5	7
4	5	1	8	2	6	7	3	9
8	3	9	4	1	7	5	2	6
2	7	6	5	9	3	1	4	8

69

3	6	7	2	8	1	4	9	5
4	1	9	5	6	3	8	2	7
8	5	2	4	9	7	3	6	1
7	8	5	6	4	9	1	3	2
6	2	1	8	3	5	9	7	4
9	3	4	7	1	2	6	5	8
2	4	8	3	7	6	5	1	9
5	9	6	1	2	4	7	8	3
1	7	3	9	5	8	2	4	6

70

1	2	3	6	9	7	5	8	4
8	9	5	3	2	4	1	6	7
6	4	7	5	1	8	9	3	2
7	6	4	9	8	3	2	5	1
2	3	8	1	4	5	6	7	9
9	5	1	7	6	2	3	4	8
4	8	6	2	5	9	7	1	3
3	1	2	8	7	6	4	9	5
5	7	9	4	3	1	8	2	6

71

1	6	4	7	9	5	2	3	8
9	2	3	1	8	4	7	5	6
7	5	8	6	2	3	4	1	9
2	3	5	9	1	7	6	8	4
4	8	1	2	3	6	9	7	5
6	9	7	4	5	8	3	2	1
8	7	6	3	4	1	5	9	2
5	4	9	8	7	2	1	6	3
3	1	2	5	6	9	8	4	7

72

4	6	2	5	1	8	9	3	7
8	7	9	6	3	4	2	5	1
3	1	5	9	2	7	4	6	8
2	8	4	3	7	6	5	1	9
9	3	7	4	5	1	8	2	6
1	5	6	8	9	2	7	4	3
5	9	1	7	4	3	6	8	2
6	4	3	2	8	9	1	7	5
7	2	8	1	6	5	3	9	4

Solutions 73–84

73

9	7	3	1	6	5	2	8	4
6	1	5	2	8	4	9	7	3
8	2	4	3	9	7	1	6	5
2	4	9	8	1	6	3	5	7
7	8	6	5	3	2	4	9	1
3	5	1	7	4	9	6	2	8
5	6	7	4	2	1	8	3	9
1	9	8	6	5	3	7	4	2
4	3	2	9	7	8	5	1	6

74

4	2	8	6	1	5	3	9	7
5	9	1	4	3	7	6	2	8
6	3	7	9	2	8	5	1	4
3	7	2	1	6	4	9	8	5
1	8	4	3	5	9	2	7	6
9	5	6	7	8	2	1	4	3
2	1	5	8	7	3	4	6	9
8	4	3	2	9	6	7	5	1
7	6	9	5	4	1	8	3	2

75

5	7	4	1	6	9	2	8	3
9	1	2	8	5	3	7	6	4
6	8	3	2	7	4	1	9	5
2	4	6	3	1	7	8	5	9
7	3	5	9	2	8	4	1	6
8	9	1	6	4	5	3	2	7
4	6	8	5	3	2	9	7	1
1	2	7	4	9	6	5	3	8
3	5	9	7	8	1	6	4	2

76

3	9	1	6	2	7	8	5	4
6	5	7	4	1	8	9	2	3
4	2	8	3	5	9	1	7	6
9	1	6	5	4	2	3	8	7
2	7	3	8	6	1	4	9	5
5	8	4	9	7	3	2	6	1
7	4	2	1	8	5	6	3	9
1	3	5	2	9	6	7	4	8
8	6	9	7	3	4	5	1	2

77

3	1	6	5	9	7	4	8	2
7	9	4	8	2	6	5	1	3
2	5	8	3	4	1	6	7	9
6	3	5	9	7	8	1	2	4
4	7	2	1	5	3	8	9	6
9	8	1	2	6	4	7	3	5
8	2	9	6	1	5	3	4	7
5	4	3	7	8	9	2	6	1
1	6	7	4	3	2	9	5	8

78

5	7	6	4	3	9	1	2	8
1	9	4	2	5	8	3	6	7
3	8	2	1	6	7	4	9	5
9	6	7	5	4	3	2	8	1
8	5	1	9	2	6	7	3	4
4	2	3	7	8	1	9	5	6
6	4	9	3	7	5	8	1	2
2	1	8	6	9	4	5	7	3
7	3	5	8	1	2	6	4	9

79

6	1	5	4	2	9	7	8	3
7	2	3	5	8	1	6	4	9
9	4	8	3	6	7	2	5	1
8	9	7	1	3	2	5	6	4
4	3	1	6	5	8	9	2	7
5	6	2	7	9	4	3	1	8
3	8	9	2	1	6	4	7	5
1	7	6	9	4	5	8	3	2
2	5	4	8	7	3	1	9	6

80

5	6	2	3	1	4	9	7	8
9	4	7	6	2	8	1	3	5
1	8	3	7	9	5	6	4	2
4	7	1	2	6	9	5	8	3
2	3	6	8	5	1	4	9	7
8	9	5	4	7	3	2	1	6
3	1	8	5	4	2	7	6	9
7	2	9	1	8	6	3	5	4
6	5	4	9	3	7	8	2	1

81

7	3	6	5	9	4	8	2	1
9	4	1	8	2	6	5	7	3
8	5	2	3	1	7	4	9	6
6	8	3	9	5	1	2	4	7
1	9	4	6	7	2	3	5	8
2	7	5	4	8	3	1	6	9
4	1	9	7	3	5	6	8	2
5	2	8	1	6	9	7	3	4
3	6	7	2	4	8	9	1	5

82

8	1	3	9	4	5	7	6	2
6	9	7	1	2	8	4	3	5
2	5	4	6	7	3	1	9	8
7	2	1	3	9	6	8	5	4
3	4	5	2	8	1	9	7	6
9	8	6	7	5	4	2	1	3
1	6	2	8	3	7	5	4	9
4	7	9	5	6	2	3	8	1
5	3	8	4	1	9	6	2	7

83

2	1	9	5	3	7	8	4	6
8	4	7	2	6	1	5	3	9
5	6	3	8	4	9	7	1	2
9	8	1	7	5	2	4	6	3
3	2	5	6	9	4	1	8	7
6	7	4	3	1	8	2	9	5
1	5	8	9	7	6	3	2	4
7	9	2	4	8	3	6	5	1
4	3	6	1	2	5	9	7	8

84

9	5	3	2	8	4	7	6	1
7	1	6	5	9	3	2	8	4
2	4	8	7	1	6	3	9	5
8	3	4	9	5	7	6	1	2
1	2	9	6	4	8	5	3	7
6	7	5	3	2	1	9	4	8
3	6	1	8	7	2	4	5	9
4	9	7	1	3	5	8	2	6
5	8	2	4	6	9	1	7	3

Solutions 85–96

85

1	2	6	3	7	4	8	9	5
4	3	8	5	9	1	2	6	7
9	7	5	6	8	2	1	3	4
7	8	9	2	4	6	3	5	1
2	1	3	8	5	9	7	4	6
5	6	4	1	3	7	9	2	8
8	5	1	4	2	3	6	7	9
3	4	7	9	6	8	5	1	2
6	9	2	7	1	5	4	8	3

86

4	7	5	3	9	6	8	2	1
8	9	2	5	4	1	3	6	7
1	6	3	7	2	8	9	4	5
6	2	1	9	8	3	5	7	4
9	5	8	4	6	7	2	1	3
3	4	7	1	5	2	6	9	8
5	8	9	6	7	4	1	3	2
2	3	4	8	1	9	7	5	6
7	1	6	2	3	5	4	8	9

87

3	4	2	6	7	9	1	8	5
7	6	9	1	8	5	3	4	2
8	5	1	2	4	3	9	6	7
2	7	4	9	5	8	6	1	3
9	3	6	4	1	7	5	2	8
5	1	8	3	6	2	7	9	4
1	2	7	5	9	4	8	3	6
4	9	5	8	3	6	2	7	1
6	8	3	7	2	1	4	5	9

88

9	1	7	2	6	3	8	4	5
2	8	5	1	7	4	3	9	6
4	6	3	8	9	5	1	7	2
3	9	6	7	5	1	2	8	4
1	5	2	9	4	8	7	6	3
8	7	4	6	3	2	9	5	1
7	3	9	5	2	6	4	1	8
6	4	8	3	1	9	5	2	7
5	2	1	4	8	7	6	3	9

89

7	8	2	9	4	6	1	3	5
6	9	5	3	8	1	7	4	2
4	3	1	7	5	2	8	6	9
5	7	8	4	2	9	6	1	3
2	6	3	8	1	7	9	5	4
1	4	9	5	6	3	2	8	7
3	1	6	2	9	4	5	7	8
8	2	4	1	7	5	3	9	6
9	5	7	6	3	8	4	2	1

90

9	4	6	3	1	8	2	7	5
8	2	3	5	9	7	4	1	6
7	1	5	4	6	2	9	3	8
3	9	1	7	2	6	8	5	4
2	5	7	8	4	9	3	6	1
6	8	4	1	3	5	7	2	9
1	7	2	6	8	4	5	9	3
4	6	9	2	5	3	1	8	7
5	3	8	9	7	1	6	4	2

91

2	9	5	4	6	1	3	8	7
8	6	4	7	3	2	1	9	5
3	1	7	5	9	8	2	6	4
1	8	6	2	4	3	7	5	9
5	4	3	9	7	6	8	1	2
7	2	9	1	8	5	6	4	3
4	7	8	3	1	9	5	2	6
9	5	1	6	2	7	4	3	8
6	3	2	8	5	4	9	7	1

92

2	1	6	8	4	9	3	7	5
4	5	7	2	3	6	8	9	1
8	9	3	7	1	5	4	6	2
6	4	8	3	5	1	7	2	9
7	2	5	6	9	8	1	3	4
9	3	1	4	7	2	6	5	8
3	6	9	1	2	4	5	8	7
5	7	4	9	8	3	2	1	6
1	8	2	5	6	7	9	4	3

93

1	5	9	7	2	6	4	3	8
2	8	6	1	4	3	7	5	9
7	3	4	8	9	5	6	2	1
5	9	2	4	8	7	3	1	6
8	4	1	3	6	2	9	7	5
3	6	7	9	5	1	2	8	4
4	1	8	2	7	9	5	6	3
6	2	3	5	1	4	8	9	7
9	7	5	6	3	8	1	4	2

94

4	1	6	2	5	9	7	8	3
3	5	2	8	7	4	6	9	1
7	9	8	3	1	6	4	2	5
1	8	4	9	3	2	5	6	7
9	6	3	7	8	5	2	1	4
5	2	7	6	4	1	8	3	9
8	3	1	4	6	7	9	5	2
2	4	5	1	9	8	3	7	6
6	7	9	5	2	3	1	4	8

95

3	9	2	7	6	4	5	1	8
4	1	5	3	2	8	7	9	6
6	7	8	5	9	1	3	4	2
7	6	9	8	1	2	4	3	5
2	5	1	9	4	3	6	8	7
8	3	4	6	5	7	1	2	9
1	2	6	4	8	5	9	7	3
5	8	3	1	7	9	2	6	4
9	4	7	2	3	6	8	5	1

96

2	4	9	1	8	7	6	5	3
6	8	5	2	3	9	1	4	7
7	3	1	4	5	6	8	2	9
5	2	8	9	6	1	7	3	4
3	1	7	8	2	4	9	6	5
9	6	4	5	7	3	2	8	1
8	9	3	7	4	2	5	1	6
1	5	6	3	9	8	4	7	2
4	7	2	6	1	5	3	9	8

Solutions 97–108

97

7	5	8	3	4	1	2	6	9
4	3	2	5	6	9	1	8	7
6	1	9	7	2	8	4	5	3
8	6	5	4	3	2	7	9	1
1	7	4	8	9	6	3	2	5
2	9	3	1	7	5	6	4	8
3	8	7	2	5	4	9	1	6
9	4	1	6	8	7	5	3	2
5	2	6	9	1	3	8	7	4

98

7	5	1	9	4	2	3	6	8
4	3	9	5	6	8	7	2	1
6	2	8	1	7	3	9	5	4
2	8	7	6	1	9	4	3	5
5	9	6	3	2	4	8	1	7
1	4	3	7	8	5	6	9	2
3	7	2	4	9	1	5	8	6
9	1	4	8	5	6	2	7	3
8	6	5	2	3	7	1	4	9

99

1	2	6	8	4	9	5	3	7
8	3	7	6	2	5	1	4	9
5	9	4	1	3	7	6	2	8
3	7	1	2	9	6	4	8	5
2	8	5	7	1	4	3	9	6
6	4	9	5	8	3	2	7	1
7	1	8	3	6	2	9	5	4
9	6	2	4	5	8	7	1	3
4	5	3	9	7	1	8	6	2

100

1	7	6	4	5	8	3	9	2
4	8	3	6	9	2	7	1	5
5	2	9	3	7	1	4	6	8
6	9	8	5	3	4	1	2	7
7	4	2	8	1	9	5	3	6
3	1	5	7	2	6	8	4	9
8	6	1	2	4	7	9	5	3
2	5	4	9	8	3	6	7	1
9	3	7	1	6	5	2	8	4

101

6	5	2	8	7	4	1	9	3
4	3	8	5	9	1	6	7	2
1	7	9	2	3	6	4	8	5
9	2	6	4	8	5	3	1	7
7	4	1	6	2	3	8	5	9
5	8	3	7	1	9	2	6	4
8	6	4	3	5	7	9	2	1
3	9	5	1	6	2	7	4	8
2	1	7	9	4	8	5	3	6

102

8	2	9	3	1	4	7	5	6
4	7	5	6	9	2	3	8	1
6	1	3	8	5	7	9	4	2
7	8	2	5	4	9	6	1	3
9	6	4	1	2	3	8	7	5
3	5	1	7	8	6	2	9	4
2	4	8	9	6	5	1	3	7
1	3	6	4	7	8	5	2	9
5	9	7	2	3	1	4	6	8

103

7	9	1	3	8	5	4	2	6
4	6	2	1	9	7	3	5	8
5	3	8	4	6	2	7	9	1
2	1	3	7	4	9	8	6	5
6	7	5	8	2	1	9	3	4
8	4	9	5	3	6	1	7	2
3	2	4	9	5	8	6	1	7
9	5	7	6	1	4	2	8	3
1	8	6	2	7	3	5	4	9

104

3	1	5	7	9	2	8	6	4
8	6	7	3	1	4	2	9	5
2	9	4	6	5	8	7	3	1
9	4	3	8	6	7	1	5	2
6	5	8	4	2	1	3	7	9
1	7	2	5	3	9	6	4	8
5	8	9	1	7	6	4	2	3
4	2	6	9	8	3	5	1	7
7	3	1	2	4	5	9	8	6

105

8	4	7	1	2	9	5	3	6
2	3	6	4	5	8	9	7	1
5	9	1	6	7	3	8	4	2
6	5	4	7	9	1	3	2	8
7	8	2	5	3	6	1	9	4
3	1	9	2	8	4	7	6	5
9	6	5	8	4	7	2	1	3
1	2	3	9	6	5	4	8	7
4	7	8	3	1	2	6	5	9

106

1	3	8	5	6	2	4	9	7
4	2	5	9	8	7	1	6	3
7	6	9	4	3	1	5	8	2
5	4	2	6	9	3	8	7	1
3	9	7	2	1	8	6	4	5
6	8	1	7	4	5	3	2	9
9	1	3	8	2	4	7	5	6
2	5	4	1	7	6	9	3	8
8	7	6	3	5	9	2	1	4

107

9	1	4	5	3	2	7	6	8
3	7	6	9	8	1	2	5	4
5	8	2	4	6	7	9	1	3
8	5	3	7	9	6	4	2	1
2	4	7	1	5	3	8	9	6
1	6	9	8	2	4	5	3	7
7	9	1	6	4	5	3	8	2
6	2	5	3	7	8	1	4	9
4	3	8	2	1	9	6	7	5

108

8	6	7	3	9	1	5	4	2
1	2	3	8	5	4	9	6	7
9	5	4	2	7	6	1	3	8
2	3	9	5	4	7	6	8	1
6	8	1	9	3	2	7	5	4
4	7	5	1	6	8	3	2	9
5	4	8	7	1	3	2	9	6
3	1	6	4	2	9	8	7	5
7	9	2	6	8	5	4	1	3

Solutions 109–120

109

6	7	4	5	9	2	8	1	3
3	1	9	6	8	7	5	4	2
8	5	2	3	4	1	6	9	7
1	3	7	9	5	6	2	8	4
4	2	5	1	3	8	9	7	6
9	6	8	2	7	4	3	5	1
7	4	6	8	2	9	1	3	5
2	9	3	7	1	5	4	6	8
5	8	1	4	6	3	7	2	9

110

9	1	3	6	4	8	5	7	2
7	6	2	1	9	5	4	3	8
8	4	5	2	7	3	6	9	1
4	5	9	7	8	2	3	1	6
2	7	8	3	6	1	9	5	4
1	3	6	4	5	9	2	8	7
5	2	7	9	1	4	8	6	3
3	8	1	5	2	6	7	4	9
6	9	4	8	3	7	1	2	5

111

3	9	7	2	5	8	6	4	1
6	1	4	9	3	7	8	5	2
2	8	5	4	1	6	7	3	9
9	4	8	7	6	1	5	2	3
1	5	6	3	2	9	4	7	8
7	3	2	5	8	4	9	1	6
5	6	1	8	7	2	3	9	4
8	7	9	1	4	3	2	6	5
4	2	3	6	9	5	1	8	7

112

9	3	4	8	7	2	1	5	6
7	8	6	5	3	1	4	9	2
2	1	5	9	6	4	3	7	8
8	4	7	6	2	5	9	3	1
3	6	2	1	9	7	5	8	4
1	5	9	4	8	3	6	2	7
6	9	3	2	1	8	7	4	5
5	2	1	7	4	9	8	6	3
4	7	8	3	5	6	2	1	9

113

4	2	3	7	6	5	9	1	8
7	9	8	2	1	3	6	4	5
6	5	1	8	9	4	7	2	3
2	8	5	1	7	9	4	3	6
3	6	7	4	2	8	5	9	1
9	1	4	3	5	6	2	8	7
1	4	9	6	8	7	3	5	2
5	7	2	9	3	1	8	6	4
8	3	6	5	4	2	1	7	9

114

8	7	2	1	6	4	3	9	5
4	1	3	9	5	2	8	6	7
9	6	5	8	3	7	1	2	4
5	8	6	2	7	1	4	3	9
3	2	7	4	9	5	6	8	1
1	9	4	3	8	6	5	7	2
6	4	9	5	2	8	7	1	3
2	5	8	7	1	3	9	4	6
7	3	1	6	4	9	2	5	8

115

6	5	3	7	1	2	4	9	8
7	1	9	6	4	8	2	3	5
4	8	2	3	5	9	6	7	1
8	2	7	4	6	5	3	1	9
3	6	5	9	7	1	8	2	4
1	9	4	2	8	3	5	6	7
9	7	8	5	3	6	1	4	2
5	4	6	1	2	7	9	8	3
2	3	1	8	9	4	7	5	6

116

1	8	6	3	5	4	2	9	7
2	4	3	9	7	6	8	1	5
7	5	9	1	2	8	4	6	3
4	3	1	7	6	2	5	8	9
6	9	8	4	1	5	3	7	2
5	2	7	8	3	9	6	4	1
9	6	5	2	4	7	1	3	8
3	7	2	6	8	1	9	5	4
8	1	4	5	9	3	7	2	6

117

7	3	6	1	9	8	4	2	5
5	8	4	3	7	2	1	9	6
9	1	2	6	4	5	8	7	3
3	2	7	4	8	1	6	5	9
6	5	1	7	3	9	2	8	4
8	4	9	5	2	6	7	3	1
2	7	5	9	1	4	3	6	8
1	9	3	8	6	7	5	4	2
4	6	8	2	5	3	9	1	7

118

6	8	9	4	5	1	7	3	2
2	1	3	9	6	7	8	5	4
4	7	5	8	3	2	1	6	9
1	5	6	3	9	4	2	7	8
3	2	4	7	8	6	9	1	5
7	9	8	1	2	5	6	4	3
9	6	7	2	4	3	5	8	1
5	3	2	6	1	8	4	9	7
8	4	1	5	7	9	3	2	6

119

1	8	7	6	5	3	4	9	2
3	6	2	9	8	4	7	1	5
4	5	9	7	2	1	8	6	3
6	1	5	3	4	2	9	8	7
2	9	4	8	7	6	5	3	1
8	7	3	1	9	5	6	2	4
7	4	6	2	3	8	1	5	9
9	2	1	5	6	7	3	4	8
5	3	8	4	1	9	2	7	6

120

3	8	1	6	7	9	5	4	2
4	9	5	2	8	1	3	6	7
6	2	7	3	4	5	1	8	9
2	1	6	8	9	7	4	3	5
8	5	9	4	1	3	7	2	6
7	4	3	5	6	2	8	9	1
5	6	8	1	2	4	9	7	3
9	3	4	7	5	6	2	1	8
1	7	2	9	3	8	6	5	4

Solutions 121–132

121

4	2	3	6	8	9	7	5	1
9	5	8	4	7	1	3	6	2
7	1	6	5	3	2	4	9	8
5	4	1	3	2	7	9	8	6
6	8	2	9	5	4	1	7	3
3	7	9	8	1	6	5	2	4
8	6	5	7	4	3	2	1	9
1	3	7	2	9	8	6	4	5
2	9	4	1	6	5	8	3	7

122

9	3	5	7	4	2	6	8	1
1	7	4	8	6	9	3	5	2
6	2	8	5	1	3	7	9	4
5	4	7	2	9	1	8	6	3
3	9	1	6	5	8	2	4	7
2	8	6	3	7	4	5	1	9
7	5	9	1	3	6	4	2	8
8	1	3	4	2	5	9	7	6
4	6	2	9	8	7	1	3	5

123

9	3	4	8	5	2	6	7	1
5	8	1	9	7	6	3	2	4
6	7	2	1	4	3	5	8	9
7	5	3	2	9	1	4	6	8
2	6	9	3	8	4	1	5	7
4	1	8	5	6	7	9	3	2
1	2	6	4	3	8	7	9	5
8	9	7	6	1	5	2	4	3
3	4	5	7	2	9	8	1	6

124

1	6	8	2	4	7	5	9	3
9	7	4	3	5	8	6	2	1
2	5	3	9	1	6	4	7	8
6	1	9	4	7	3	8	5	2
8	2	5	1	6	9	3	4	7
3	4	7	5	8	2	9	1	6
7	8	2	6	9	5	1	3	4
4	9	6	7	3	1	2	8	5
5	3	1	8	2	4	7	6	9

125

3	5	2	6	8	4	1	7	9
6	1	8	5	9	7	2	3	4
7	4	9	2	3	1	8	5	6
2	7	6	8	5	9	3	4	1
4	9	5	3	1	6	7	2	8
1	8	3	4	7	2	9	6	5
9	6	1	7	4	3	5	8	2
8	2	7	1	6	5	4	9	3
5	3	4	9	2	8	6	1	7

126

1	8	5	7	6	9	3	2	4
9	3	7	4	2	5	1	6	8
4	2	6	3	8	1	9	7	5
3	4	8	9	7	2	6	5	1
7	6	1	8	5	3	2	4	9
5	9	2	1	4	6	8	3	7
6	1	4	2	9	7	5	8	3
8	5	3	6	1	4	7	9	2
2	7	9	5	3	8	4	1	6

127

6	4	3	2	7	9	1	5	8
5	9	8	3	1	6	4	7	2
2	7	1	4	8	5	3	9	6
7	5	6	9	2	4	8	1	3
8	3	2	6	5	1	7	4	9
4	1	9	8	3	7	2	6	5
9	8	5	1	4	2	6	3	7
1	2	7	5	6	3	9	8	4
3	6	4	7	9	8	5	2	1

128

9	8	3	1	5	2	7	6	4
5	2	1	4	6	7	8	3	9
6	4	7	3	9	8	5	1	2
3	7	2	5	1	9	4	8	6
1	9	8	6	7	4	2	5	3
4	5	6	8	2	3	9	7	1
8	3	5	2	4	6	1	9	7
2	6	9	7	8	1	3	4	5
7	1	4	9	3	5	6	2	8

129

1	7	3	8	9	5	6	2	4
6	9	2	7	3	4	5	8	1
4	8	5	6	1	2	7	3	9
5	1	6	2	8	9	3	4	7
9	2	8	4	7	3	1	6	5
7	3	4	5	6	1	8	9	2
8	5	7	9	2	6	4	1	3
3	6	9	1	4	7	2	5	8
2	4	1	3	5	8	9	7	6

130

6	8	3	2	4	9	7	1	5
2	5	7	8	3	1	4	9	6
9	4	1	7	5	6	2	3	8
8	7	9	5	1	3	6	4	2
4	1	2	6	9	8	5	7	3
5	3	6	4	2	7	1	8	9
1	6	5	3	8	4	9	2	7
3	2	4	9	7	5	8	6	1
7	9	8	1	6	2	3	5	4

131

9	5	1	3	8	4	7	6	2
7	3	6	9	2	5	1	8	4
2	8	4	6	1	7	9	5	3
8	1	9	7	6	3	4	2	5
6	2	3	5	4	1	8	7	9
4	7	5	2	9	8	3	1	6
3	4	2	8	7	6	5	9	1
1	6	8	4	5	9	2	3	7
5	9	7	1	3	2	6	4	8

132

5	6	3	1	7	2	8	9	4
7	2	4	8	9	5	6	1	3
9	8	1	4	6	3	5	2	7
4	3	9	6	8	7	1	5	2
6	1	5	3	2	4	7	8	9
8	7	2	5	1	9	4	3	6
1	4	7	2	3	8	9	6	5
3	9	6	7	5	1	2	4	8
2	5	8	9	4	6	3	7	1

Solutions 133–144

133

4	5	6	3	7	9	1	8	2
3	2	9	8	5	1	7	6	4
1	7	8	4	6	2	3	9	5
8	3	5	7	9	6	4	2	1
7	6	1	2	3	4	9	5	8
9	4	2	5	1	8	6	3	7
2	1	3	6	4	5	8	7	9
6	8	4	9	2	7	5	1	3
5	9	7	1	8	3	2	4	6

134

1	3	5	4	2	6	9	7	8
6	7	8	5	1	9	4	2	3
4	2	9	3	8	7	5	1	6
2	9	1	7	6	3	8	4	5
7	8	6	1	5	4	3	9	2
3	5	4	8	9	2	1	6	7
9	4	3	2	7	8	6	5	1
8	1	7	6	4	5	2	3	9
5	6	2	9	3	1	7	8	4

135

5	8	1	6	9	7	4	2	3
3	7	9	4	8	2	5	6	1
2	4	6	1	3	5	8	7	9
8	2	3	9	5	6	1	4	7
1	9	7	2	4	8	6	3	5
4	6	5	7	1	3	9	8	2
6	3	4	5	7	9	2	1	8
9	1	8	3	2	4	7	5	6
7	5	2	8	6	1	3	9	4

136

6	5	1	3	8	7	4	2	9
7	9	4	5	1	2	8	3	6
2	8	3	4	9	6	1	5	7
4	6	5	9	3	1	2	7	8
1	7	2	8	6	5	3	9	4
8	3	9	2	7	4	5	6	1
9	2	8	6	4	3	7	1	5
5	4	7	1	2	9	6	8	3
3	1	6	7	5	8	9	4	2

137

1	7	6	4	2	9	5	8	3
3	2	8	5	1	7	6	9	4
4	5	9	3	6	8	1	7	2
2	1	5	8	9	4	7	3	6
6	4	7	2	3	5	9	1	8
9	8	3	1	7	6	2	4	5
7	3	1	6	8	2	4	5	9
5	9	2	7	4	3	8	6	1
8	6	4	9	5	1	3	2	7

138

3	9	7	5	8	4	6	2	1
4	6	5	3	1	2	9	8	7
8	1	2	9	7	6	5	4	3
6	2	3	1	4	9	8	7	5
1	5	8	6	2	7	4	3	9
9	7	4	8	3	5	1	6	2
7	8	6	2	5	1	3	9	4
2	3	1	4	9	8	7	5	6
5	4	9	7	6	3	2	1	8

139

7	3	1	9	8	4	6	5	2
9	2	4	6	3	5	8	7	1
5	6	8	1	2	7	3	4	9
1	9	6	5	7	3	4	2	8
2	7	3	8	4	1	5	9	6
4	8	5	2	6	9	7	1	3
6	4	7	3	9	2	1	8	5
3	1	9	4	5	8	2	6	7
8	5	2	7	1	6	9	3	4

140

2	8	1	5	4	9	7	3	6
9	3	5	6	7	1	4	2	8
7	6	4	2	8	3	1	9	5
6	1	2	8	9	5	3	4	7
4	5	8	1	3	7	2	6	9
3	7	9	4	2	6	5	8	1
8	9	7	3	5	4	6	1	2
5	4	6	9	1	2	8	7	3
1	2	3	7	6	8	9	5	4

141

2	9	6	4	3	8	7	5	1
1	8	4	2	7	5	3	9	6
3	5	7	9	1	6	8	2	4
5	1	9	7	4	3	6	8	2
4	2	3	6	8	1	5	7	9
7	6	8	5	9	2	1	4	3
9	7	1	8	6	4	2	3	5
8	3	5	1	2	9	4	6	7
6	4	2	3	5	7	9	1	8

142

6	8	5	7	9	1	3	4	2
2	4	1	5	3	8	7	6	9
9	3	7	4	6	2	5	1	8
7	1	8	2	5	6	4	9	3
4	5	6	3	1	9	2	8	7
3	2	9	8	4	7	1	5	6
5	7	4	6	8	3	9	2	1
8	9	2	1	7	4	6	3	5
1	6	3	9	2	5	8	7	4

143

3	2	5	7	9	4	1	6	8
4	8	7	1	3	6	9	5	2
6	1	9	5	8	2	7	4	3
5	3	2	9	7	8	6	1	4
7	6	1	4	5	3	2	8	9
8	9	4	6	2	1	3	7	5
2	5	3	8	6	7	4	9	1
9	4	6	3	1	5	8	2	7
1	7	8	2	4	9	5	3	6

144

3	8	9	7	1	2	6	5	4
2	1	7	6	5	4	3	9	8
6	5	4	8	3	9	7	1	2
8	3	5	4	7	1	2	6	9
4	9	6	5	2	8	1	3	7
1	7	2	3	9	6	8	4	5
5	2	1	9	6	7	4	8	3
9	6	8	2	4	3	5	7	1
7	4	3	1	8	5	9	2	6

Solutions 145–156

145

2	4	1	7	9	3	6	8	5
6	5	7	1	8	2	4	9	3
3	8	9	5	6	4	1	2	7
5	9	8	3	4	6	7	1	2
7	6	3	8	2	1	5	4	9
4	1	2	9	7	5	3	6	8
9	2	5	4	1	7	8	3	6
1	7	6	2	3	8	9	5	4
8	3	4	6	5	9	2	7	1

146

3	9	4	2	6	7	8	5	1
8	1	7	9	5	4	3	2	6
6	2	5	3	8	1	4	7	9
4	8	9	6	7	2	1	3	5
7	3	6	4	1	5	9	8	2
1	5	2	8	9	3	6	4	7
9	7	3	1	2	8	5	6	4
5	6	8	7	4	9	2	1	3
2	4	1	5	3	6	7	9	8

147

9	7	1	2	4	5	3	8	6
5	4	8	6	3	1	7	9	2
2	3	6	9	8	7	1	4	5
1	9	2	5	6	3	4	7	8
7	8	5	1	9	4	6	2	3
3	6	4	7	2	8	5	1	9
6	1	9	4	5	2	8	3	7
8	5	7	3	1	9	2	6	4
4	2	3	8	7	6	9	5	1

148

5	3	1	7	9	2	4	8	6
9	8	6	3	4	1	5	2	7
7	4	2	5	6	8	3	9	1
2	5	4	1	3	9	6	7	8
8	6	7	2	5	4	9	1	3
3	1	9	8	7	6	2	4	5
1	7	3	4	2	5	8	6	9
4	9	8	6	1	3	7	5	2
6	2	5	9	8	7	1	3	4

149

2	3	4	9	5	6	7	1	8
5	1	8	7	2	3	4	6	9
6	9	7	1	4	8	2	5	3
1	8	9	5	7	4	6	3	2
7	6	2	3	1	9	5	8	4
3	4	5	6	8	2	1	9	7
4	7	6	8	9	5	3	2	1
8	2	3	4	6	1	9	7	5
9	5	1	2	3	7	8	4	6

150

3	2	1	4	6	8	7	9	5
8	6	7	9	3	5	1	4	2
9	4	5	7	1	2	6	8	3
4	9	3	2	7	1	5	6	8
1	8	2	3	5	6	4	7	9
5	7	6	8	9	4	2	3	1
2	3	8	5	4	7	9	1	6
7	1	9	6	2	3	8	5	4
6	5	4	1	8	9	3	2	7

151

9	5	3	4	6	8	1	7	2
7	2	8	3	9	1	4	6	5
6	4	1	7	5	2	3	8	9
8	9	4	1	3	7	5	2	6
3	1	5	8	2	6	7	9	4
2	6	7	9	4	5	8	1	3
4	7	6	5	1	9	2	3	8
5	8	9	2	7	3	6	4	1
1	3	2	6	8	4	9	5	7

152

2	9	4	1	8	3	7	6	5
5	3	6	9	4	7	1	8	2
7	8	1	6	5	2	4	3	9
9	4	3	7	1	8	5	2	6
6	1	7	3	2	5	8	9	4
8	5	2	4	9	6	3	7	1
3	2	8	5	6	4	9	1	7
4	6	9	8	7	1	2	5	3
1	7	5	2	3	9	6	4	8

153

8	1	3	5	2	9	7	4	6
6	7	2	3	4	1	8	5	9
9	5	4	7	8	6	3	1	2
4	2	9	1	3	5	6	8	7
1	6	7	8	9	4	2	3	5
3	8	5	2	6	7	1	9	4
5	3	6	9	1	2	4	7	8
2	9	8	4	7	3	5	6	1
7	4	1	6	5	8	9	2	3

154

7	5	1	8	9	6	3	2	4
9	2	3	4	7	1	8	5	6
6	4	8	2	3	5	9	7	1
8	6	4	9	2	3	5	1	7
5	1	9	7	6	8	4	3	2
2	3	7	5	1	4	6	8	9
4	7	6	3	8	2	1	9	5
1	8	2	6	5	9	7	4	3
3	9	5	1	4	7	2	6	8

155

2	5	1	3	7	9	4	6	8
8	9	6	4	5	2	1	3	7
3	4	7	1	8	6	2	5	9
7	6	3	5	1	4	9	8	2
4	8	9	2	3	7	6	1	5
5	1	2	6	9	8	7	4	3
6	7	4	8	2	3	5	9	1
1	2	8	9	4	5	3	7	6
9	3	5	7	6	1	8	2	4

156

3	4	8	9	1	6	2	7	5
6	5	1	7	2	3	9	4	8
9	7	2	5	4	8	3	6	1
2	1	7	3	6	9	5	8	4
4	8	9	1	5	7	6	3	2
5	6	3	2	8	4	1	9	7
7	9	5	8	3	2	4	1	6
8	2	6	4	9	1	7	5	3
1	3	4	6	7	5	8	2	9

Solutions 157–168

157

3	6	4	1	7	8	5	9	2
1	7	2	9	5	4	6	8	3
5	8	9	6	2	3	4	1	7
2	1	8	5	4	7	3	6	9
4	9	3	8	1	6	7	2	5
6	5	7	2	3	9	8	4	1
8	2	1	7	6	5	9	3	4
9	3	5	4	8	2	1	7	6
7	4	6	3	9	1	2	5	8

158

5	9	4	7	6	3	2	8	1
6	8	3	2	4	1	9	7	5
2	7	1	9	8	5	3	4	6
4	3	7	8	9	6	5	1	2
9	6	5	1	2	4	8	3	7
1	2	8	3	5	7	4	6	9
8	1	6	5	3	2	7	9	4
7	5	9	4	1	8	6	2	3
3	4	2	6	7	9	1	5	8

159

4	7	2	3	1	5	8	9	6
5	9	6	8	7	4	1	3	2
1	3	8	9	2	6	4	7	5
8	4	1	2	9	7	5	6	3
7	5	3	6	8	1	9	2	4
2	6	9	4	5	3	7	8	1
3	2	7	5	4	9	6	1	8
6	1	5	7	3	8	2	4	9
9	8	4	1	6	2	3	5	7

160

9	8	5	3	7	1	6	2	4
1	4	3	5	6	2	8	7	9
6	7	2	4	9	8	3	5	1
7	3	1	9	8	6	5	4	2
5	9	6	1	2	4	7	8	3
4	2	8	7	3	5	9	1	6
2	1	9	8	5	3	4	6	7
8	6	7	2	4	9	1	3	5
3	5	4	6	1	7	2	9	8

161

1	5	2	8	7	9	3	6	4
6	3	8	4	5	1	9	2	7
4	7	9	2	3	6	5	8	1
7	9	6	5	2	3	4	1	8
3	2	4	7	1	8	6	5	9
8	1	5	6	9	4	7	3	2
5	8	7	9	6	2	1	4	3
9	4	1	3	8	5	2	7	6
2	6	3	1	4	7	8	9	5

162

7	8	3	6	1	5	4	9	2
2	5	4	9	3	7	6	8	1
9	6	1	8	4	2	3	5	7
5	7	9	4	8	6	2	1	3
8	3	2	7	9	1	5	6	4
1	4	6	2	5	3	8	7	9
3	2	7	5	6	9	1	4	8
4	1	5	3	7	8	9	2	6
6	9	8	1	2	4	7	3	5

163

6	7	4	3	5	8	9	1	2
8	2	5	6	1	9	7	4	3
1	3	9	4	2	7	8	6	5
5	6	7	1	3	2	4	9	8
3	9	2	7	8	4	1	5	6
4	8	1	5	9	6	2	3	7
9	5	3	2	7	1	6	8	4
2	1	6	8	4	5	3	7	9
7	4	8	9	6	3	5	2	1

164

4	2	7	9	3	1	8	5	6
1	5	6	8	7	4	2	3	9
8	9	3	5	2	6	7	1	4
9	4	8	6	5	7	3	2	1
7	3	2	1	8	9	4	6	5
5	6	1	2	4	3	9	8	7
6	7	5	3	9	2	1	4	8
3	8	9	4	1	5	6	7	2
2	1	4	7	6	8	5	9	3

165

4	1	6	9	7	2	3	8	5
3	2	8	4	5	1	7	9	6
7	9	5	8	3	6	2	4	1
6	5	7	3	4	8	1	2	9
1	4	2	6	9	7	5	3	8
8	3	9	2	1	5	6	7	4
2	8	3	1	6	4	9	5	7
5	6	4	7	2	9	8	1	3
9	7	1	5	8	3	4	6	2

166

8	6	2	4	1	7	5	3	9
9	4	5	2	3	8	6	7	1
3	7	1	6	9	5	2	8	4
2	8	7	1	6	3	4	9	5
5	3	6	7	4	9	8	1	2
1	9	4	5	8	2	3	6	7
6	1	8	9	2	4	7	5	3
7	2	9	3	5	6	1	4	8
4	5	3	8	7	1	9	2	6

167

3	9	1	4	7	6	2	8	5
6	2	8	1	9	5	3	4	7
4	7	5	2	8	3	6	1	9
9	1	4	6	3	2	5	7	8
7	6	3	8	5	9	1	2	4
5	8	2	7	4	1	9	3	6
8	5	6	3	1	7	4	9	2
2	3	7	9	6	4	8	5	1
1	4	9	5	2	8	7	6	3

168

3	2	1	4	9	6	5	8	7
8	6	7	3	5	2	4	1	9
9	5	4	8	1	7	3	2	6
6	3	9	1	2	5	8	7	4
7	8	2	9	4	3	6	5	1
4	1	5	6	7	8	9	3	2
2	9	3	7	8	4	1	6	5
5	4	8	2	6	1	7	9	3
1	7	6	5	3	9	2	4	8

Solutions 169–180

169

3	6	4	2	5	9	7	1	8
7	2	1	6	3	8	4	5	9
9	8	5	4	1	7	6	2	3
5	4	3	9	8	1	2	6	7
2	1	9	7	6	4	8	3	5
6	7	8	3	2	5	1	9	4
4	9	6	5	7	2	3	8	1
1	5	2	8	4	3	9	7	6
8	3	7	1	9	6	5	4	2

170

2	8	6	3	9	4	5	7	1
3	1	5	6	8	7	9	4	2
7	9	4	2	5	1	6	8	3
4	6	3	8	2	9	1	5	7
1	5	2	7	4	3	8	9	6
8	7	9	5	1	6	3	2	4
5	4	7	1	3	8	2	6	9
6	3	8	9	7	2	4	1	5
9	2	1	4	6	5	7	3	8

171

6	3	1	9	5	8	4	7	2
4	7	2	1	6	3	9	5	8
8	5	9	7	4	2	3	6	1
5	1	4	3	2	7	8	9	6
3	9	6	8	1	4	7	2	5
2	8	7	6	9	5	1	3	4
1	2	5	4	3	9	6	8	7
7	6	3	5	8	1	2	4	9
9	4	8	2	7	6	5	1	3

172

5	1	9	7	6	8	2	4	3
3	2	6	9	4	5	8	7	1
7	4	8	2	1	3	5	9	6
4	9	3	8	2	6	7	1	5
2	5	7	1	3	9	4	6	8
6	8	1	5	7	4	3	2	9
9	7	4	3	5	1	6	8	2
1	6	5	4	8	2	9	3	7
8	3	2	6	9	7	1	5	4

173

7	8	9	1	5	4	6	3	2
1	2	5	6	8	3	4	9	7
4	6	3	7	9	2	1	8	5
3	4	6	5	2	1	8	7	9
9	7	1	8	3	6	2	5	4
2	5	8	4	7	9	3	6	1
8	9	2	3	4	7	5	1	6
6	3	4	9	1	5	7	2	8
5	1	7	2	6	8	9	4	3

174

6	7	3	2	4	9	8	5	1
8	2	5	1	6	7	4	3	9
9	4	1	5	8	3	2	6	7
2	1	6	8	7	5	9	4	3
5	9	4	3	2	6	7	1	8
7	3	8	4	9	1	5	2	6
4	8	7	6	1	2	3	9	5
1	5	9	7	3	4	6	8	2
3	6	2	9	5	8	1	7	4

175

5	6	7	8	2	3	1	9	4
1	3	8	7	9	4	2	5	6
2	9	4	1	6	5	8	7	3
3	2	9	5	7	6	4	1	8
7	4	5	3	8	1	6	2	9
8	1	6	9	4	2	7	3	5
6	5	3	2	1	8	9	4	7
9	8	2	4	3	7	5	6	1
4	7	1	6	5	9	3	8	2

176

4	7	9	3	6	8	1	5	2
1	6	3	7	2	5	4	8	9
5	8	2	1	9	4	6	7	3
6	2	8	5	7	9	3	1	4
7	5	1	4	3	2	8	9	6
3	9	4	8	1	6	7	2	5
9	3	6	2	8	1	5	4	7
2	1	5	6	4	7	9	3	8
8	4	7	9	5	3	2	6	1

177

5	2	8	6	9	4	1	3	7
3	9	4	8	7	1	5	2	6
7	1	6	3	5	2	4	9	8
1	7	9	2	3	8	6	5	4
6	5	3	1	4	7	9	8	2
4	8	2	5	6	9	7	1	3
9	4	5	7	2	3	8	6	1
8	3	7	9	1	6	2	4	5
2	6	1	4	8	5	3	7	9

178

5	1	2	4	9	6	7	8	3
9	8	3	5	1	7	6	4	2
7	6	4	8	3	2	1	9	5
4	7	6	2	5	8	9	3	1
3	2	9	7	6	1	4	5	8
8	5	1	3	4	9	2	6	7
2	4	8	9	7	5	3	1	6
1	3	7	6	8	4	5	2	9
6	9	5	1	2	3	8	7	4

179

7	8	6	1	3	9	5	2	4
5	3	2	4	7	8	9	6	1
4	1	9	2	6	5	8	7	3
8	2	1	6	9	3	7	4	5
6	7	4	8	5	1	3	9	2
3	9	5	7	4	2	6	1	8
1	4	7	3	8	6	2	5	9
2	5	8	9	1	7	4	3	6
9	6	3	5	2	4	1	8	7

180

1	9	8	4	2	5	6	3	7
4	2	7	9	6	3	8	5	1
6	3	5	1	7	8	9	2	4
8	5	4	6	1	9	3	7	2
9	7	1	2	3	4	5	6	8
2	6	3	8	5	7	4	1	9
7	4	6	5	9	1	2	8	3
5	1	9	3	8	2	7	4	6
3	8	2	7	4	6	1	9	5

Solutions 181–192

181

8	9	6	2	7	1	5	4	3
7	3	4	5	6	9	1	8	2
5	2	1	4	3	8	6	7	9
4	7	2	1	5	6	9	3	8
1	5	3	9	8	4	2	6	7
6	8	9	7	2	3	4	1	5
3	4	8	6	9	2	7	5	1
9	1	5	8	4	7	3	2	6
2	6	7	3	1	5	8	9	4

182

4	6	8	5	7	3	9	1	2
3	2	5	8	9	1	7	4	6
9	1	7	4	6	2	5	8	3
5	8	6	9	2	4	1	3	7
1	4	9	7	3	6	8	2	5
2	7	3	1	8	5	6	9	4
8	3	1	6	4	7	2	5	9
7	5	2	3	1	9	4	6	8
6	9	4	2	5	8	3	7	1

183

3	4	5	6	9	1	8	7	2
7	6	9	2	8	4	3	5	1
1	2	8	3	5	7	4	9	6
2	5	1	7	3	6	9	8	4
8	3	6	9	4	5	2	1	7
9	7	4	8	1	2	5	6	3
4	8	7	1	2	9	6	3	5
5	1	3	4	6	8	7	2	9
6	9	2	5	7	3	1	4	8

184

8	4	3	7	9	6	1	5	2
7	5	9	2	3	1	8	6	4
2	1	6	8	4	5	3	9	7
4	2	8	6	7	9	5	3	1
5	9	7	3	1	4	2	8	6
3	6	1	5	8	2	4	7	9
1	3	2	9	6	8	7	4	5
9	8	4	1	5	7	6	2	3
6	7	5	4	2	3	9	1	8

185

8	4	3	9	6	5	7	2	1
7	1	6	4	8	2	3	5	9
9	5	2	7	1	3	4	8	6
3	8	5	6	4	9	2	1	7
4	6	7	3	2	1	5	9	8
1	2	9	8	5	7	6	4	3
5	7	1	2	3	8	9	6	4
6	9	8	5	7	4	1	3	2
2	3	4	1	9	6	8	7	5

186

7	6	5	8	2	4	3	1	9
3	4	8	9	1	7	6	2	5
2	1	9	3	6	5	8	7	4
5	8	7	1	4	6	2	9	3
1	2	4	5	3	9	7	6	8
6	9	3	2	7	8	5	4	1
9	3	1	7	5	2	4	8	6
8	7	6	4	9	3	1	5	2
4	5	2	6	8	1	9	3	7

187

8	2	9	5	3	1	4	6	7
6	3	7	2	9	4	8	1	5
5	1	4	6	8	7	3	9	2
1	6	3	4	7	9	2	5	8
2	7	5	8	1	6	9	4	3
4	9	8	3	2	5	1	7	6
7	8	6	9	4	3	5	2	1
9	5	2	1	6	8	7	3	4
3	4	1	7	5	2	6	8	9

188

4	8	7	5	3	1	6	9	2
3	5	1	9	2	6	7	4	8
2	6	9	4	7	8	1	3	5
6	4	2	8	1	5	9	7	3
5	1	3	7	9	2	8	6	4
9	7	8	6	4	3	2	5	1
1	9	4	2	5	7	3	8	6
8	3	5	1	6	9	4	2	7
7	2	6	3	8	4	5	1	9

189

8	7	6	4	9	1	3	5	2
5	9	4	8	3	2	1	7	6
3	2	1	5	6	7	9	4	8
1	5	8	9	4	6	7	2	3
6	3	7	2	8	5	4	9	1
2	4	9	7	1	3	6	8	5
7	1	5	3	2	4	8	6	9
4	8	3	6	5	9	2	1	7
9	6	2	1	7	8	5	3	4

190

3	4	2	5	7	9	1	6	8
9	1	8	2	6	3	7	5	4
5	6	7	8	4	1	2	9	3
2	7	1	4	8	5	9	3	6
4	9	6	3	1	7	8	2	5
8	5	3	9	2	6	4	7	1
1	3	5	7	9	4	6	8	2
7	8	4	6	3	2	5	1	9
6	2	9	1	5	8	3	4	7

191

1	5	4	3	8	7	6	2	9
3	7	8	9	2	6	4	5	1
2	9	6	4	5	1	3	7	8
8	2	9	6	1	3	7	4	5
7	6	3	5	9	4	1	8	2
4	1	5	2	7	8	9	6	3
6	8	1	7	3	2	5	9	4
9	3	7	8	4	5	2	1	6
5	4	2	1	6	9	8	3	7

192

8	5	6	4	7	3	1	2	9
2	9	7	6	8	1	5	3	4
1	4	3	2	9	5	8	6	7
5	3	1	9	6	4	2	7	8
6	7	2	5	3	8	9	4	1
4	8	9	1	2	7	3	5	6
7	2	5	8	4	9	6	1	3
9	1	4	3	5	6	7	8	2
3	6	8	7	1	2	4	9	5

Solutions 193–201

193

1	4	6	9	8	7	5	2	3
5	2	7	3	4	6	8	1	9
9	3	8	5	1	2	6	4	7
8	1	3	2	7	9	4	6	5
6	7	9	8	5	4	1	3	2
4	5	2	1	6	3	7	9	8
3	8	5	4	2	1	9	7	6
2	6	4	7	9	5	3	8	1
7	9	1	6	3	8	2	5	4

194

2	9	7	1	6	3	8	4	5
3	5	8	7	4	9	1	2	6
4	6	1	8	2	5	7	3	9
7	1	5	6	3	4	2	9	8
9	2	4	5	8	1	3	6	7
6	8	3	9	7	2	4	5	1
1	4	6	3	5	7	9	8	2
8	3	9	2	1	6	5	7	4
5	7	2	4	9	8	6	1	3

195

6	1	4	5	3	7	2	8	9
8	3	5	9	2	6	1	4	7
9	2	7	1	4	8	6	3	5
4	6	1	7	9	2	8	5	3
2	5	8	3	6	4	7	9	1
3	7	9	8	1	5	4	6	2
1	4	3	2	8	9	5	7	6
7	9	6	4	5	1	3	2	8
5	8	2	6	7	3	9	1	4

196

5	8	2	1	7	3	9	4	6
7	6	4	9	8	2	5	1	3
9	3	1	4	6	5	2	8	7
1	5	8	3	2	6	7	9	4
2	4	6	7	5	9	8	3	1
3	7	9	8	1	4	6	5	2
8	2	3	5	4	7	1	6	9
4	1	7	6	9	8	3	2	5
6	9	5	2	3	1	4	7	8

197

5	7	4	6	3	2	8	9	1
1	9	2	7	5	8	3	4	6
8	6	3	1	4	9	2	7	5
3	2	5	4	6	1	7	8	9
7	4	9	5	8	3	1	6	2
6	8	1	9	2	7	5	3	4
9	3	6	2	7	5	4	1	8
2	1	8	3	9	4	6	5	7
4	5	7	8	1	6	9	2	3

198

8	2	3	9	5	1	4	7	6
7	6	4	8	2	3	1	5	9
5	9	1	4	7	6	3	8	2
2	7	6	3	8	9	5	4	1
4	1	8	5	6	2	7	9	3
9	3	5	1	4	7	2	6	8
6	8	7	2	3	4	9	1	5
3	5	9	7	1	8	6	2	4
1	4	2	6	9	5	8	3	7

199

3	5	8	1	6	2	9	7	4
9	2	4	7	8	5	3	6	1
7	6	1	4	9	3	5	8	2
8	9	3	6	1	7	2	4	5
6	4	7	2	5	9	1	3	8
2	1	5	3	4	8	6	9	7
1	3	2	8	7	6	4	5	9
4	7	9	5	3	1	8	2	6
5	8	6	9	2	4	7	1	3

200

5	4	2	6	8	7	3	9	1
8	9	1	4	3	5	6	2	7
7	6	3	2	1	9	4	8	5
1	5	6	9	4	3	8	7	2
4	2	8	7	6	1	5	3	9
3	7	9	5	2	8	1	6	4
6	3	4	1	9	2	7	5	8
2	1	5	8	7	6	9	4	3
9	8	7	3	5	4	2	1	6

201

1	8	9	3	2	6	7	5	4
2	5	6	8	7	4	1	9	3
4	7	3	5	1	9	2	8	6
5	2	4	1	8	7	6	3	9
6	3	7	2	9	5	4	1	8
9	1	8	4	6	3	5	2	7
3	9	1	6	4	2	8	7	5
7	6	2	9	5	8	3	4	1
8	4	5	7	3	1	9	6	2